W0068948

GUNNAR ENGEL

Agape

DEIN LEBEN ÄNDERT SICH, WENN DU AUS LIEBE HANDELST

GUNNAR ENGEL

Agape

DEIN LEBEN ÄNDERT SICH, WENN DU AUS LIEBE HANDELST

SCM
R.Brockhaus

SCM
Stiftung Christliche Medien

SCM R.Brockhaus ist ein Imprint der SCM Verlagsgruppe, die zur Stiftung Christliche Medien gehört, einer gemeinnützigen Stiftung, die sich für die Förderung und Verbreitung christlicher Bücher, Zeitschriften, Filme und Musik einsetzt.

© 2023 SCM R.Brockhaus in der SCM Verlagsgruppe GmbH
Max-Eyth-Straße 41 ·71088 Holzgerlingen
Internet: www.scm-brockhaus.de; E-Mail: info@scm-brockhaus.de

Die Bibelverse sind folgender Ausgabe entnommen:
Neues Leben. Die Bibel, © der deutschen Ausgabe 2002 und 2006
SCM R.Brockhaus in der SCM Verlagsgruppe GmbH, Holzgerlingen

Lektorat: Katharina Töws
Gesamtgestaltung: Erik Pabst, www.erikpabst.de

Druck und Bindung: Drukarnia Dimograf Sp. z o.o.
Gedruckt in Polen
ISBN 978-3-417-00068-9
Bestell-Nr. 227.000.068

Inhalt

Die zwei Seiten der Liebesmedaille

MENSCHLICHE LIEBE

L iebe ist wie Konfetti, das wir auf einer Hochzeit um uns werfen, aber nicht zu fassen kriegen. Liebe ist dieses Gefühl, das wir nicht greifen können, aber nach dem wir uns so sehr sehnen. Unzählige Kunstwerke, Bücher, Artikel und Instagram-Posts haben sich schon mit der Liebe beschäftigt, und doch verwirrt sie uns und lässt sich nicht einordnen. Liebe bringt uns dazu, verrückte Dinge zu tun. Wir fahren Hunderte Kilometer, um unser Date zum ersten Mal zu treffen, oder hauen uns die Nächte um die Ohren, indem wir durch die Fotos unseres Schwarms scrollen.

Liebe kann voller Wendungen, Irrungen und Wirrungen sein. Manchmal verlieben wir uns in die falsche Person, oder wir finden uns in einer Beziehung wieder, die sich einfach nicht richtig anfühlt. Und dann gibt es Zeiten, in denen wir denken, dass wir verliebt sind, aber nach einer Weile feststellen müssen, dass es nur eine Schwärmerei war. Liebe ist jedenfalls viel komplexer als ein Herz-Augen-Emoji oder ein Strauß Blumen.

Im Großen und Ganzen erleben wir Liebe auf verschiedene Arten, die auch auf vielen Seiten der Bibel zum Ausdruck kommen, denn Liebe ist ein zentrales Thema im Buch der Bücher. Jede Art von Liebe unterstreicht einen einzigartigen Aspekt von Gottes Charakter und der Beziehung zu seinem Volk.

Grob lassen sich in der Bibel drei Formen der Liebe unterscheiden, da die griechische Sprache drei Wörter für unseren deutschen Begriff »Liebe« hat: Eros (altgriechisch ἔρως), Philia (altgriechisch φιλία) und Agape (altgriechisch ἀγάπη). Mit Eros wird die romantische Liebe bezeichnet – eine leidenschaftliche Liebe, die durch Verlangen und Anziehung gekennzeichnet ist. Das ist die Art von Liebe, die unser Herz höherschlagen und die Knie weich werden lässt. Diese Liebe bringt uns dazu, jeden wachen Moment mit unserem Partner oder unserer Partnerin zu verbringen – und sogar einige der schlafenden Momente. Romantische Liebe ist der Stoff, aus dem Filme und Lieder gemacht sind und nach dem viele Menschen ihr ganzes Leben lang suchen.

Diese Art der Liebe wird im Buch Hohelied besungen, einem poetischen Kunstwerk, das die Liebe zwischen einem Mann und einer Frau beschreibt. An einer Stelle sagt die Frau zu ihrem Mann: »Leg mich wie einen Siegelring an dein Herz, wie einen Siegelring um deinen Arm. Denn stark wie der Tod ist die Liebe und ihre Leidenschaft so unentrinnbar wie das Totenreich. Ihre Glut lodert wie Feuer; sie ist eine Flamme des Herrn« (Hohelied 8,6). Die Eros-Liebe ist ein wunderbares Geschenk Gottes, doch sie kann auch zerstörerisch werden, wenn sie nicht an ihrem richtigen Platz bleibt und beispielsweise außerhalb der Ehe gelebt wird.

Neben der romantischen Eros-Liebe gibt es noch die platonische Liebe – Philia. Das ist die Liebe, die wir für unsere Freundinnen und Freunde, unsere Arbeitskolleginnen und -kollegen und sogar für unsere Haustiere empfinden. Es ist die Art von Liebe, die uns dazu bringt, Zeit mit jemandem zu verbringen, nur weil wir seine oder ihre Gesellschaft mögen. Sie zeichnet sich durch gegenseitige Zuneigung und Loyalität aus. Die platonische Liebe wird in unserer Kultur oft übersehen, aber sie ist genauso wichtig wie die romantische Liebe. Schließlich sind

Freundinnen und Freunde die Familie, die wir uns aussuchen können, und sie sind diejenigen, die mit uns durch dick und dünn gehen. Ein Beispiel für diese Art von Liebe ist die Beziehung zwischen David und Jonatan, die in 1. Samuel 18,1 beschrieben wird: Jonatan »fühlte sich mit David tief verbunden und er liebte ihn wie sein eigenes Leben«. Diese Art von Liebe meint auch Jesus, als er zu seinen Jüngern sagt: »Die größte Liebe beweist der, der sein Leben für die Freunde hingibt« (Johannes 15,13).

Zur Philia-Liebe gehört auch die familiäre Liebe, die wir für unsere Eltern, Geschwister und die erweiterte Familie empfinden. Diese Art von Liebe sehen wir oft als selbstverständlich an, dabei ist sie der Kitt, der Familien zusammenhält. Und sie ist der Grund, warum wir (hoffentlich) immer einen Ort haben, an den wir zurückkehren können, egal was passiert.

Eine weitere Art ist die Selbstliebe, die in den letzten Jahren gerade im Zusammenhang mit mentaler Gesundheit zu einem großen Thema geworden ist. Selbstliebe bedeutet, dass wir uns um uns selbst kümmern, sowohl körperlich als auch emotional. Es ist die Art von Liebe, die es uns ermöglicht, Grenzen zu setzen, Nein zu sagen, wenn es nötig ist, und unsere eigenen Bedürfnisse in den Vordergrund zu stellen. Selbstliebe ist nicht egoistisch, sie ist notwendig.

Sowohl die romantische Eros-Liebe als auch die platonische, familiäre und die Selbstliebe (Philia) gehören zu einer Seite der Liebesmedaille – der menschlichen Liebe. Doch die Medaille hat bekanntlich auch eine zweite Seite ...

GÖTTLICHE LIEBE

Auf der anderen Seite der Liebesmedaille steht die göttliche Liebe – Agape. Als höchste Form steht sie für Gottes vollkommene, selbstlose und opferbereite Liebe. Dabei ist sie bedingungslos und sucht das Beste für andere, unabhängig von ihren Handlungen oder Umständen. In Johannes 3,16 sehen wir den ultimativen Ausdruck der Agape-Liebe, als Gott seinen einzigen Sohn als Opfer für unsere Sünden gibt: »Denn Gott hat die Welt so sehr geliebt, dass er seinen einzigen Sohn hingab, damit jeder, der an ihn glaubt, nicht verloren geht, sondern das ewige Leben hat.«

Gottes Liebe ist nicht nur eine Eigenschaft seines Wesens, sie ist die treibende Kraft hinter allem, was er tut. Sie ist kein bloßes Gefühl, sondern ein tiefes und beständiges Engagement für das Wohlergehen seiner Schöpfung. Die Liebe ist Gottes Motivator.

Viele Theologinnen und Theologen, Religionswissenschaftlerinnen und Religionswissenschaftler haben sich im Laufe der Geschichte mit dem Wesen der Agape-Liebe Gottes beschäftigt, und doch bleibt sie ein Geheimnis und ein Wunder, das unsere Herzen und unseren Verstand immer wieder in ihren Bann zieht. Seit Anbeginn der Zeit ist Gottes Liebe in jedem Aspekt seiner Schöpfung sichtbar. Die Schönheit der Natur, die Komplexität des menschlichen Körpers, die Tiefe der zwischenmenschlichen Beziehungen und die Unendlichkeit des Universums sprechen alle für die Tiefe der Liebe Gottes und die Absicht, mit der er uns geschaffen hat.

Wenn wir uns das Leben Jesu anschauen, sehen wir den ultimativen Ausdruck von Gottes Liebe. Jesus kommt auf die Erde, nicht um zu verurteilen oder zu richten, sondern um einen Weg der Erlösung und Versöhnung für alle Menschen anzubieten. Er heilt die Kranken, speist die Hungrigen, vergibt den Sündern und gibt schließlich sein Leben als Opfer für unsere Sünden. Dieser Akt der aufopfernden Liebe, motiviert durch seine tiefe und beständige Liebe zu allen Menschen, ist der Eckpfeiler des christlichen Glaubens.

Damit ist Gottes Liebe nicht nur ein vergangenes Ereignis, sondern eine andauernde Realität. Sie ist nicht etwas, das in der Vergangenheit geschehen ist, sondern etwas, das in diesem Moment geschieht. Gottes Liebe zeigt sich in der Art und Weise, wie er uns durch die Herausforderungen des Lebens trägt, in den Beziehungen, die uns Freude und Erfüllung bringen, und in dem Frieden, der aus dem Wissen erwächst, dass wir bedingungslos geliebt werden.

Und mehr noch: Gottes Liebe ist auch die Quelle unserer eigenen Liebe für andere. Wenn wir die Tiefe und Weite seiner Liebe erfahren, werden wir verwandelt und dazu befähigt, andere auf dieselbe Weise zu lieben. Durch unsere Liebe zu anderen werden wir zu Vermittlern von Gottes Gnade und Barmherzigkeit in der Welt.

In diesem Buch tauchen wir tief in die göttliche Liebe ein und erkunden ihre Nuancen und ihre Komplexität. Dazu schauen wir uns Monat für Monat einen Lebensbereich an, der von der göttlichen Agape-Liebe durchflutet und so verändert werden soll.

Wenn wir die verschiedenen Ausdrucksformen der Liebe in unserem eigenen Leben erfahren, werden wir an Gottes große Liebe zu uns erinnert und dazu aufgerufen, andere genauso zu lieben. Liebe ist also jetzt schon deutlich mehr als nur ein Gefühl. Liebe ist eine Möglichkeit, unseren himmlischen Vater in der Welt um uns herum widerzuspiegeln.

Stück für Stück erkennen wir dadurch mehr, dass Gottes Liebe seine Triebfeder ist, nicht nur eine theologische Wahrheit. Seine Liebe wird zur Realität, die unser Leben und unsere Welt prägt. Gottes Liebe ist das Fundament unseres Glaubens, die Inspiration für unsere Anbetung und die Motivation für unseren Dienst an anderen. Wenn wir in der Realität von Gottes Liebe leben, werden wir verwandelt und zu Trägern dieser Liebe in der Welt um uns herum.

Bist du dabei?

WIE DIESES BUCH FUNKTIONIERT

In diesem Buch gibt es für jeden Monat ein Kapitel, das einen Bereich unseres Lebens unter die Lupe nimmt. Jedes Mal stellen wir uns die Frage: Wie könnte dieser Lebensbereich aussehen, wenn er von der Liebe Gottes durchzogen wäre? Dafür schauen wir uns die biblischen Grundlagen an und werfen einen Blick auf die Herausforderungen, die sich uns in den Weg stellen können, wenn wir die Agape-Liebe in diesem Bereich integrieren wollen. Schließlich gibt es am Ende jedes Kapitels das eigentliche Herzstück. Dann können wir nämlich aktiv werden. Zuerst gibt es einige Fragen an dich, die du bearbeiten kannst, um ein tieferes Verständnis für deine Situation und deine Lebensphase zu bekommen. Dann folgt eine Challenge für den jeweiligen Monat, die dir helfen kann, die Agape-Liebe in den jeweiligen Lebensbereich zu integrieren. Als Abschluss gibt es noch Bibelstellen, um tiefer in das Thema einzutauchen.

Wenn wir uns Ziele setzen, ist es auch wichtig, sich Unterstützung zu suchen. Deshalb sprich am besten mit einem vertrauenswürdigen Freund, einer Freundin, einem Mentor oder einer Mentorin über deine Ziele und bitte ihn oder sie, dich auf deinem Weg zu ermutigen und zu begleiten.

Name

. . . .

Noch ein Hinweis: Natürlich reicht es nicht, sich einen Monat lang mit einem Thema zu beschäftigen. Wenn die Beziehung zu deinem Partner oder deiner Partnerin Arbeit braucht, reichen 30 Tage nicht, egal, wie intensiv sie sein mögen. Die einzelnen Challenges sollen dir immer ein Fundament geben, von dem aus du auch danach noch weiterarbeiten kannst.

Also, auf geht's!

Liebe deinen Gott

»Du sollst den Herrn, deinen Gott, lieben, von ganzem Herzen, mit ganzer Seele und mit all deinen Gedanken! Das ist das erste und wichtigste Gebot.«

Matthäus 22,37–38

Meist verstehen wir erst im Rückblick, was unser Leben oder eine bestimmte Phase des Lebens so besonders gemacht hat. Vielleicht erkennen wir dann sogar einen besonderen Moment oder Punkt, an dem alles seinen Anfang genommen hat. Und wer weiß? Möglicherweise passiert das sogar durch dieses Buch. Wie genial wäre es, wenn wir den Ideen auf den kommenden Seiten in diesem Monat folgen, irgendwann auf unser Leben zurückschauen und im Rückblick merken, welche Wendung in diesen Tagen eingesetzt hat?

Wenn du in (hoffentlich) vielen Jahren auf dein Leben zurückblickst: Inwiefern, denkst du, wird die Liebe zu Gott eine treibende Kraft in deinem Leben gewesen sein?

DAS HERZ DER GOTTESLIEBE

Was bedeutet es, Gott zu lieben? Die Antwort findet sich in den Worten Jesu in Matthäus 22,37-38: »Du sollst den Herrn, deinen Gott, lieben, von ganzem Herzen, mit ganzer Seele und mit all deinen Gedanken! Das ist das erste und wichtigste Gebot.« Gott zu lieben bedeutet, ihm alles von uns zu geben – unsere Gedanken, unsere Gefühle, unsere Wünsche und unser Handeln. Es bedeutet, ihm unser Leben zu überlassen und ihm alles anzuvertrauen, was wir haben.

Wenn wir daran denken, Gott zu lieben, denken wir allerdings zuerst oft an eine intellektuelle Beschäftigung. Quasi eine To-do-Liste, die Liebe ausdrücken soll. Wir lesen die Bibel, beten, gehen in die Kirche. Aber Gott zu lieben ist mehr als nur eine intellektuelle Übung. Es ist eine emotionale Erfahrung, die unser Herz verwandelt und uns mit Freude, Frieden und Hoffnung erfüllt.

Wenn wir Gott lieben, hat das starke Auswirkungen auf unsere Gefühle. Wir erleben ein tiefes Gefühl der Freude und des Friedens, das alles Verständnis übersteigt (vgl. Philipper 4,7). Wir finden Trost in Gottes Gegenwart und Sicherheit in seinen Verheißungen (vgl. Psalm 23,4). Wir fühlen uns zugehörig, wenn wir von Gottes bedingungsloser Liebe umarmt werden (vgl. 1. Johannes 4,16). Und wir sind voller Hoffnung, wenn wir uns auf die Zukunft freuen, die Gott für uns vorbereitet hat (vgl. Jeremia 29,11).

Psalm 63,2 drückt diesen emotionalen Aspekt der Liebe zu Gott wunderbar aus: »Gott, du bist mein Gott; dich suche ich von ganzem Herzen. Meine Seele dürstet nach dir, mein ganzer Leib sehnt sich nach dir in diesem dürren, trockenen Land, in dem es kein Wasser gibt.« Der Psalmist beschreibt hier eine tiefe Sehnsucht nach Gott, die nur durch seine Gegenwart gestillt werden kann. Diese Art der emotionalen Verbindung mit Gott ist nicht nur geistlichen Größen oder Mystikern vorbehalten. Sie steht jedem Menschen offen, der Gott mit aufrichtigem Herzen sucht.

Auch Jeremia 31,3 betont den emotionalen Aspekt der Liebe zu Gott: »Ich habe dich schon immer geliebt. Deshalb habe ich dir meine Zuneigung so lange bewahrt.« Gottes Liebe zu uns ist nicht nur ein theologisches Konzept, sondern eine emotionale Realität. Er liebt uns mit einer ewigen Liebe, die niemals vergeht oder müde wird. Diese Liebe ist die Grundlage unserer Beziehung und die Quelle unserer emotionalen Verbindung zu ihm.

Doch wie kultivieren wir diese Liebe, diese emotionale Verbindung zu Gott? Die Antwort liegt darin, Zeit mit ihm zu verbringen, indem wir beten, anbeten und sein Wort lesen. Diese geistlichen Disziplinen sind nicht nur Mittel zum Zweck, nicht nur Punkte auf einer To-do-Liste, sondern Wege, um unsere Beziehung zu Gott zu vertiefen und seine Liebe spürbar zu erfahren.

In einer Welt, in der Rationalität und Intellektualität oft als höher angesehen werden als Emotionen und Gefühle, ist es wichtig, sich daran zu erinnern, dass Gott uns als emotionale Wesen geschaffen hat. Er möchte, dass wir ihn mit unserem ganzen Herzen lieben, nicht nur mit unserem Verstand. Wenn wir versuchen, Gott mit unseren Gefühlen zu lieben, werden wir ein tiefes Gefühl der Freude, des Friedens und der Hoffnung entdecken, das nur von ihm kommen kann. Und wenn wir diese Liebe mit anderen teilen, werden wir einen Unterschied in der Welt machen, der bis in alle Ewigkeit Bestand hat.

Hast du Gottes Liebe schon einmal sehr deutlich emotional gespürt? Wenn ja, wann und wo? Wie hat diese Erfahrung dich verändert? Haben andere diese Veränderung bemerkt?

Erlebst du Gottes Liebe momentan spürbar in deinem Alltag? Wie geht es dir damit? Hier kannst du aufschreiben, wofür du dankbar bist und was du dir für die kommende Zeit wünschst.

GEDANKEN VOLLER LIEBE

Jesus sagt aber auch: »den Herrn, deinen Gott, lieben ... mit all deinen Gedanken.« Wenn wir Gott mit unserem Verstand lieben, versuchen wir, sein Wesen, seinen Charakter und seinen Willen für unser Leben zu verstehen. Wir studieren die Bibel, beteiligen uns an theologischen Diskussionen und wenden Gottes Wahrheit auf unser tägliches Leben an. Die Konsequenz: Wenn wir Gott lieben, beeinflusst das unser Denken auf verschiedene Weise. Gott mit unserem Verstand zu lieben, ist ein wesentlicher Teil unserer christlichen Reise. Es geht nicht nur darum, den richtigen Glauben oder die richtigen Lehren zu haben, sondern seinen Willen in jeder Situation zu erkennen.

Zunächst gibt uns die Beschäftigung mit Gottes Liebe ein Gefühl von Ziel und Richtung. Wir beginnen, unser Leben im Licht von Gottes Plan und Ziel für uns zu sehen. Wir fangen an, Fragen zu stellen wie »Was will Gott mit meinem Leben anfangen?« und »Wie kann ich meine Gaben und Talente nutzen, um ihm zu dienen?« Diese Fragen geben uns ein Gefühl der Konzentration und Klarheit, das uns helfen kann, bessere Entscheidungen zu treffen und unsere Zeit und Energie nach Prioritäten zu ordnen.

Inwiefern gibt dir das Wissen, von Gott geliebt zu sein, ein Ziel für dein Leben? Was ist deine Priorität? Wo lebst du möglicherweise gerade an deinen Prioritäten vorbei?

Des Weiteren hilft uns die Liebe zu Gott, die Wahrheit von der Unwahrheit zu unterscheiden. In einer Welt voller konkurrierender Stimmen und widersprüchlicher Ideen ist es leicht, sich von den neuesten Trends oder populären Meinungen leiten zu lassen. Aber wenn wir Gott lieben, haben wir einen Maßstab der Wahrheit, auf den wir uns verlassen können. Wir können alle Ideen an der Wahrheit von Gottes Wort messen und unterscheiden, was richtig und was falsch ist. Wir beginnen die Welt aus seiner Perspektive zu sehen, die tieferen Bedeutungen hinter Ereignissen und Umständen zu verstehen, und wir entwickeln einen Sinn für Unterscheidungsvermögen, der uns hilft, uns in komplexen Situationen zurechtzufinden.

Nimm einmal deine Gedanken unter die Lupe. Welche Gedanken entsprechen nicht der Liebe Gottes? Wo glaubst du Lügen über dich oder über andere? Setze ihnen bewusst Gottes Wahrheit – seine liebevolle Wahrheit – entgegen.

Lüge	Liebevolle Wahrheit

1. Johannes 5,3 betont auch den logischen Aspekt der Liebe zu Gott: »Gott zu lieben heißt, seine Gebote zu befolgen, und das ist nicht schwer.« Dieser Vers zeigt uns, dass die Liebe zu Gott nicht nur ein vages Gefühl oder eine Empfindung ist, sondern eine praktische Realität, die sich im Befolgen von Gottes Geboten ausdrückt. Wenn wir versuchen, Gott mit unserem Verstand zu lieben, beinhaltet das auch die Bereitschaft, unser Leben nach der Bibel auszurichten und seinem Willen zu folgen.

Entspricht dein Alltag gerade einem Leben der Liebe zu Gott?

JANUAR

Es gibt einige moderne Herausforderungen, die unsere Fähigkeit, Gott mit unserem Verstand zu lieben, behindern können. Eine der größten Herausforderungen ist die ständige Ablenkung durch Technologie und soziale Medien. Wir leben in einer Welt, die immer vernetzt ist, und es ist leicht, sich von den neuesten Nachrichten, Trends und Entertainment mitreißen zu lassen. Wenn wir das zulassen, lenkt uns das davon ab, Gott zu lieben, und beeinträchtigt unsere Fähigkeit, tiefgründig und kritisch zu denken.

Eine weitere Schwierigkeit ist die Tendenz, uns auf unser eigenes Verstehen zu verlassen, anstatt auf Gottes Weisheit zu vertrauen. Wir leben in einer Kultur, die Individualismus und Selbstgenügsamkeit schätzt, und es ist leicht, in die Falle zu tappen und zu denken, dass wir alle Antworten haben. Aber wenn wir uns nur auf unser eigenes Verständnis verlassen, verpassen wir die Weisheit und Einsicht, die sich aus der Suche nach Gottes Willen ergibt.

Wovon bist du herausgefordert? Welche Gewohnheiten willst du entwickeln, um Gott mit deinem ganzen Sein lieben zu können?

Viele Verse, die wir in den letzten Abschnitten gelesen haben, haben einen aktiven Aspekt an sich und zeigen damit eine alte – aber damit nicht minder wahre – Wahrheit: Liebe braucht Aktion. Eine Liebe, die nur in sich bleibt, ist eine Liebe ohne Ausdruck. Es ist wie bei einem Liebespaar, das sich nur aus der Ferne anschmachtet. Nach einer gewissen Zeit wird ihre Liebe zueinander erkalten. Ebenso ist es bei der Liebe zu Gott. Gott zu lieben ist nicht nur ein Gefühl oder ein Gedanke, sondern auch Handlung. Wenn wir Gott in Aktion lieben, zeigen wir unsere Liebe zu ihm auf greifbare Art und Weise, die einen Unterschied in der Welt macht.

Wie kannst du deiner Liebe zu Gott Ausdruck verleihen? Ganz konkret?

Auf welche Weise kannst du deine persönliche Beziehung zu Gott vertiefen?

JANUAR

Wie kannst du dir in deinem Alltag Zeit für Gott nehmen?

Wie kannst du deine Talente und Fähigkeiten nutzen, um Gott und anderen zu dienen?

Wenn du an der Challenge des Monats teilnehmen möchtest: Verpflichte dich für den ganzen Januar, deine Liebe zu Gott zu vertiefen. Das könnte bedeuten, dass du dir jeden Tag eine bestimmte Zeit für Gebet und Reflexion nimmst, ein Buch der Bibel oder Andachtsmaterial liest, an einer Einkehrtagung oder Konferenz teilnimmst oder Wege findest, anderen in deiner Gemeinde zu dienen. Denke bei diesen Aktivitäten darüber nach, wie deine Liebe zu Gott wächst und wie du diese Beziehung in deinem täglichen Leben weiter kultivieren kannst.

Was nimmst du dir ganz konkret vor? Schreibe es hier auf:

JANUAR

Ereignis in der Bibel	Was passiert? Was lernen wir daraus?
Der verlorene Sohn (Lukas 15,11-32)	Obwohl der jüngere Sohn sein ganzes Erbe verprasst, wird er von seinem Vater mit offenen Armen empfangen. → *Gott liebt uns bedingungslos, egal wie weit wir uns von ihm entfernt haben.*
Maria und Martha (Lukas 10,38-42)	Maria sitzt zu Jesu Füßen und hört ihm zu, während Martha von vielen Dingen abgelenkt ist. Jesus sagt zu Martha, dass Maria das Bessere gewählt hat, nämlich sich auf ihn zu konzentrieren. → *Es ist wichtiger als alles andere, Zeit mit Gott zu verbringen.*
Rut und Naomi (Rut 1–4)	Rut bleibt bei ihrer Schwiegermutter Naomi, auch nachdem ihr Mann gestorben ist. Sie beschließt, Naomis Gott zu folgen, und heiratet schließlich einen Mann namens Boas. → *Hier lernen wir etwas über Loyalität und Liebe.*
Die Frau, die Jesus die Füße salbt (Lukas 7,36-50)	Die Frau, die als Sünderin bekannt ist, kommt zu Jesus und salbt seine Füße mit Parfüm. Jesus vergibt ihr ihre Sünden und lobt sie für ihren Akt der Liebe. → *Wir sehen, wie bedingungslos die Annahme ist, wenn wir mit Liebe zu Gott kommen.*

27

Welche Erkenntnisse hast du durch diese Bibelstellen gewonnen?

 RÜCKBLICK

Was hat sich im Januar in dir verändert? Was nimmst du aus diesem Monat mit in den nächsten?

JANUAR

Liebe deine Nächsten

»Liebe deinen Nächsten wie dich selbst.«

Matthäus 22,39

Wenn wir die emotionale Verbindung zu Gott erfahren, mit der wir uns im Januar beschäftigt haben, verändert sie uns von innen heraus. Wir werden barmherziger, geduldiger, nachsichtiger und liebevoller gegenüber anderen. Wir sehen die Menschen mit Gottes Augen und sind in der Lage, sie mit der gleichen Liebe zu lieben, die Gott uns gezeigt hat. Deshalb sagt Jesus in Johannes 13,34-35: »So gebe ich euch nun ein neues Gebot: Liebt einander. So wie ich euch geliebt habe, sollt auch ihr einander lieben. Eure Liebe zueinander wird der Welt zeigen, dass ihr meine Jünger seid.« Die Liebe ist das Erkennungszeichen der Nachfolgerinnen und Nachfolger Jesu. Sie ist das Aushängeschild des Christentums.

Das klingt doch nach einem Ziel, das es sich zu erreichen lohnt, oder? Im Februar wenden wir uns der zweiten Hälfte des Verses aus dem

Januar zu. Denn der endet ja bekanntlich mit: »Liebe deinen Nächsten wie dich selbst« (Matthäus 22,39). Das ist nicht nur ein Vorschlag, sondern ein Gebot, das direkt von ganz oben kommt.

Was empfindest du, wenn du dieses Gebot liest? An welche Nächsten denkst du ganz spontan?

DAS BEISPIEL DER LIEBE JESU

Was mir an Jesu Gebot der Nächstenliebe als Erstes auffällt, ist sein radikaler Charakter. Es geht nicht nur darum, diejenigen zu lieben, die leicht zu lieben sind oder die uns ähnlich sind. In einer Welt, die häufig von Angst, Misstrauen und Spaltung geprägt ist, fordert Jesus uns auf, die zu lieben, die anders sind als wir, den Bedürftigen die Hand zu reichen und sogar unseren Feinden Freundlichkeit und Mitgefühl entgegenzubringen. In Lukas 6,27 sagt Jesus: »Liebt eure Feinde. Tut denen Gutes, die euch hassen.« Mit der Feindesliebe werden wir uns später im Jahr noch ausführlicher beschäftigen. Bei dieser Art von Liebe geht es nicht darum, die Handlungen anderer zu mögen oder zu billigen, sondern darum, sie so zu sehen, wie Gott sie sieht, und ihnen als Mitmenschen Liebe und Mitgefühl entgegenzubringen. Das ist ein herausforderndes Gebot, das gegen unsere natürlichen Instinkte verstößt und von uns verlangt, unsere eigenen Interessen und Wünsche zurückzustellen.

Fällt dir jemand aus deinem Umfeld ein, den oder die du nicht so einfach lieben kannst? Mit welchem kleinen Schritt kannst du anfangen, es doch zu tun?

Jesus lebt diese Liebe vor. Während seines gesamten Dienstes wendet er sich an diejenigen, die von der Gesellschaft ausgegrenzt und abgelehnt werden. Er heilt die Kranken, speist die Hungrigen und nimmt die Ausgestoßenen auf. Er schreckt nicht vor denen zurück, die als Sünder oder »unrein« gelten, sondern zeigt ihnen Liebe und Mitgefühl. Auf diese Weise macht er deutlich, dass niemand außerhalb der Reichweite von Gottes Liebe steht. Von seinem Umgang mit den Menschenmassen bis hin zu den Beziehungen zu seinen Jüngern verkörpert Jesus die Agape-Liebe, die vor allem das Wohlergehen der anderen sucht.

Das rückt in ein neues Licht, was Jesus in Johannes 13,34-35 sagt: »So gebe ich euch nun ein neues Gebot: Liebt einander. So wie ich euch geliebt habe, sollt auch ihr einander lieben. Eure Liebe zueinander wird der Welt zeigen, dass ihr meine Jünger seid.« Jesus befiehlt uns hier nicht nur, einander zu lieben, sondern setzt auch den Maßstab für diese Liebe. Er liebt uns aufopferungsvoll, sogar bis zu dem Punkt, an dem er sein Leben für uns gibt. Er liebt uns bedingungslos, auch wenn wir es nicht verdienen. Und er liebt uns mit einer Liebe, die unser höchstes Gut sucht, auch wenn er dafür selbst leiden muss.

Wie fühlt es sich für dich an, auf diese Weise von Jesus geliebt zu werden? Welche Auswirkungen hat es auf dich?

FEBRUAR

Die emotionale Wirkung der Liebe Jesu auf unser Leben ist unermesslich. Wenn wir die Tiefe und Weite seiner Liebe zu uns verstehen, verwandelt sie uns von innen heraus. Wir sehen uns nicht mehr als Ungeliebte oder Unwürdige, sondern als geliebte Kinder Gottes. Wir sehen andere nicht mehr als Hindernisse oder Feinde, sondern als Mitmenschen, die Liebe und Mitgefühl brauchen.

Wenn wir versuchen, unsere Nächsten zu lieben wie uns selbst, können wir uns von Jesus leiten und inspirieren lassen. Indem wir seinem Beispiel der aufopfernden, bedingungslosen und selbstlosen Liebe folgen, können wir unsere Beziehungen verändern und die Welt zu einem liebevolleren Ort machen.

Aber seien wir ehrlich: Es ist nicht immer leicht, seine Nächsten zu lieben. Ich erinnere mich noch an einen Nachbarn, der sich die ganze Nacht mit voll aufgedrehtem Heavy Metal um die Ohren schlug. Ich meine, komm schon, Alter, ich versuche zu schlafen! Nachdem meine erste Wut und der Impuls, meine eigene Musik noch ein bisschen lauter als seine zu drehen, verraucht waren, beschloss ich, ihm mit Liebe und Freundlichkeit zu begegnen. Es stellte sich heraus, dass er eine schwere Zeit durchmachte und die Musik seine Art der Bewältigung war. Indem ich auf ihn zuging und ihm ein wenig Liebe entgegenbrachte, konnten wir eine bessere Beziehung aufbauen und eine Lösung finden, die für uns beide funktionierte: Ich schenkte ihm ein Paar meiner Kopfhörer. Manchmal sind die einfachsten Lösungen die besten.

Das ist lediglich ein kleines Beispiel, aber es zeigt, wie ein wenig Nachbarschaftsliebe einen Krieg am Gartenzaun verhindern kann. Aber klar: So einfach ist das natürlich nicht immer!

HERAUSFORDERUNGEN DER NÄCHSTENLIEBE ÜBERWINDEN

Die moderne Welt stellt unsere Nächstenliebe vor besondere Herausforderungen. Der Aufstieg der sozialen Medien und der Rückgang des persönlichen Kontakts haben es leichter gemacht, andere zu entmenschlichen und uns von denen zu distanzieren, die anders sind als wir. Außerdem haben die politische und soziale Polarisierung tiefe Gräben zwischen Menschen mit unterschiedlichen Überzeugungen und Werten geschaffen. Diese Herausforderungen müssen uns jedoch nicht davon abhalten, unsere Nächsten zu lieben. Wenn wir diese Hindernisse erkennen und praktische Schritte unternehmen, um sie zu überwinden, können wir die Agape-Liebe verkörpern, zu der Jesus uns aufruft.

Wie viele Kontakte hast du in der realen Welt? Sind es mehr oder weniger als in der digitalen? Bist du mit dem Verhältnis zufrieden? Was möchtest du verändern?

FEBRUAR

Hier sind einige praktische Tipps für die Nächstenliebe:

Klein anfangen.

Die Liebe zu unseren Nächsten muss keine große Geste sein. Sie kann mit kleinen Taten der Freundlichkeit und des Mitgefühls beginnen, z. B. jemandem die Tür aufhalten, ein freundliches Wort sagen oder eine Nachricht zur Ermutigung schicken.

Wem könntest du jetzt eine ermutigende Nachricht schicken?

Das persönliche Gespräch suchen.

Soziale Medien haben zwar ihre Vorteile, aber sie können auch ein Nährboden für Negativität und Entmenschlichung sein. Suchen wir nach Gelegenheiten für persönliche Begegnungen, sei es bei der Freiwilligenarbeit, bei Veranstaltungen in der Gemeinde oder einfach bei einer Tasse Kaffee mit einer Nachbarin oder einem Nachbarn. Wenn wir andere als Menschen und nicht als kleine Avatarbildchen sehen, können wir Empathie und Verständnis entwickeln.

Fällt dir etwas ein, was du in dieser Woche tun kannst, um eine persönliche Begegnung mit einer Person zu erleben?

Mit Neugierde zuhören.

Wenn wir uns mit Menschen unterhalten, die eine andere Meinung vertreten, können wir das Gespräch mit Neugierde und nicht mit Abwehrhaltung angehen. Wenn wir Fragen stellen, versuchen, ihre Sichtweise zu verstehen, und nach Gemeinsamkeiten suchen, können wir durch aufgeschlossenes Zuhören Brücken bauen und Lösungen für gemeinsame Probleme finden.

Hast du eine Idee, wie aktives Zuhören aussehen könnte? Was hilft? Was ist eher hinderlich?

FEBRUAR

Demut einüben.

Es ist leicht zu glauben, dass unsere Überzeugungen und Werte die einzig richtigen sind, aber dieses Denken kann zu Arroganz und einem Mangel an Empathie führen. Üben wir uns stattdessen in Bescheidenheit, indem wir anerkennen, dass andere wertvolle Perspektiven und Erfahrungen zu teilen haben. Versuchen wir, von anderen zu lernen, auch wenn wir nicht mit allem einverstanden sind, was sie sagen.

Mit wem warst du zuletzt nicht einer Meinung? Wie ist euer Gespräch verlaufen?

Freundlichkeit zeigen.

Freundlichkeit ist ein wirksames Mittel, um Beziehungen aufzubauen und Differenzen zu überwinden. Suchen wir nach Gelegenheiten, anderen Freundlichkeit zu zeigen, sei es durch ein freundliches Wort, eine kleine Gefälligkeit oder einfach ein Lächeln. Indem wir freundlich sind, können wir Mauern niederreißen und eine liebevollere Welt schaffen.

Wie reagieren Menschen darauf, wenn du sie in der Stadt anlächelst? Probiere es einmal aus und schreibe gern deine Erfahrungen auf.

Vergebung üben.

Vergebung ist ein schwieriger, aber notwendiger Teil der Nächstenliebe. Wenn andere uns verletzt haben, kann es leicht sein, an Wut und Groll festzuhalten. Wenn wir uns jedoch in Vergebung üben, können wir diese negativen Gefühle loslassen und uns in Liebe weiterentwickeln. Das bedeutet nicht, dass wir verletzendes Verhalten dulden, aber es bedeutet, dass wir uns entscheiden, denjenigen, die uns verletzt haben, Gnade und Mitgefühl entgegenzubringen.

Gibt es eine Person, die dich verletzt hat und bei der es dir schwer-
fällt, ihr zu vergeben?

Für die Nachbarn beten.

Schließlich können wir uns Zeit nehmen, für unsere Nachbarn zu beten, und
Gott bitten, uns ein Herz des Mitgefühls und der Bereitschaft zum Dienen
zu schenken. Beten wir für diejenigen, die Probleme haben oder in Not sind,
kann Gott uns zeigen, wie wir ein Segen für sie sein können.

Für welche Nachbarin oder welchen Nachbarn möchtest du jetzt
in diesem Moment ein kurzes Gebet sprechen?

Letztlich liegt der Schlüssel darin, dem Beispiel Jesu zu folgen und seiner Agape-Liebe immer ähnlicher zu werden. Das lässt sich nicht von einem auf den anderen Tag »erledigen«, nein, es ist wahrscheinlich ein lebenslanger Prozess. Doch wenn wir uns auf den Weg dahin machen, ist es ein Prozess, der sich lohnt.

Was hält dich davon ab, deine Nächsten zu lieben? Mit welchem kleinen Schritt kannst du anfangen? Welche Person fällt dir konkret dazu ein?

FEBRUAR

Wir können uns die Liebe Gottes wie ein unsichtbares Band vorstellen, das uns mit Gott selbst verbindet. In jedem Moment unseres Lebens ist sie da, wartend darauf, erkannt und angenommen zu werden. Sie ist ein Geschenk, das wir nur zu entpacken brauchen, um es vollends zu erleben. Denn Geschenke, die man nicht auspackt, gehen irgendwie am Ziel vorbei ...

Diese göttliche Liebe legt Gott in uns, wenn wir uns öffnen und bereit sind, sie zu empfangen. Sie ist wie ein Samen, der in den fruchtbaren Boden unseres Herzens fällt und dort Wurzeln schlägt. Unser Herz wird zum Nährboden, der diese Liebe zum Leben erweckt, sie wachsen und gedeihen lässt.

Die Liebe Gottes füllt uns, indem sie jeden Winkel unserer Seele durchdringt, unser Bewusstsein erhellt und unsere Gedanken und Gefühle mit ihrer strahlenden Wärme durchflutet. Sie verwandelt uns, lässt uns erkennen, dass wir mehr sind als bloße Körper, mehr als unsere Fehler und Ängste. Wir sind Teil eines größeren Ganzen, Kinder eines liebevollen Schöpfers.

Mit jedem Atemzug, jeder Berührung und jedem Lächeln wird diese göttliche Liebe zu einem Strom, der immer stärker durch uns fließt. Sie erfüllt uns nicht nur, sondern wird letztendlich zu einem Fluss, der über die Ufer tritt und in die Welt hinausströmt. So wird sie zur Quelle der Liebe, die wir selbst geben und anderen zukommen lassen.

Und an diesem Punkt beginnt die Liebe zu den Nächsten. Gott füllt uns, damit wir vor Liebe überlaufen. Gott segnet uns, damit wir zum Segen werden.

Diese göttliche Liebe sprudelt aus uns, wenn wir sie in unseren Beziehungen, in unseren Handlungen und in unserem Alltag zum

Ausdruck bringen. Sie zeigt sich in der Art und Weise, wie wir einander begegnen, wie wir füreinander da sind und wie wir uns selbst und anderen vergeben. Sie ist eine lebendige Kraft, die uns dazu inspiriert, das Beste in uns und in der Welt hervorzubringen.

Wir sind Gefäße dieser göttlichen Liebe, und wenn sie in uns überströmt, berührt sie die Herzen der Menschen um uns herum. Sie baut Brücken, schafft Gemeinschaft und öffnet Türen, die zuvor verschlossen schienen. Sie ist das Licht, das in der Dunkelheit leuchtet, die Hoffnung, die uns trägt, und die Kraft, die uns verbindet.

 »So gebe ich euch nun ein neues Gebot: Liebt einander. So wie ich euch geliebt habe, sollt auch ihr einander lieben. Eure Liebe zueinander wird der Welt zeigen, dass ihr meine Jünger seid.«

Johannes 13,34–35

 ## CHALLENGE DES MONATS

Im Februar setzen wir alles auf die Nächstenliebe – wie wir gesehen haben, ist das ein nicht immer so einfaches Unterfangen. Aber da es ein Gebot Jesu für uns ist, das er sogar als das Erkennungszeichen seiner Jüngerinnen und Jünger in der Welt betitelt halt, sollten wir damit nicht zu sehr hinterm Berg halten.

Auf welche Weise zeigst du aktiv Liebe und Freundlichkeit gegenüber deinen Nächsten? Wie kannst du mehr tun, um den Menschen um dich herum zu dienen und zu helfen?

Gibt es Voreingenommenheit oder Vorurteile, die du gegenüber bestimmten Gruppen von Menschen hast? Wie kannst du daran arbeiten, diese zu überwinden und allen Menschen Liebe und Respekt entgegenzubringen, unabhängig von ihrer Herkunft oder ihrem Glauben?

Wann hast du das letzte Mal jemandem in Not bewusst die Hand gereicht oder dir Zeit genommen, einer Person zuzuhören, die Probleme hat? Wie kannst du es dir zur Gewohnheit machen, mehr auf die Bedürfnisse deiner Mitmenschen zu achten und ihnen zu dienen und sie zu unterstützen?

Im Februar kannst du dir vornehmen, einen Monat lang jeden Tag mindestens eine freundliche Tat für einen Menschen in deiner Umgebung zu vollbringen. Das kann alles sein, vom Bringen einer Mahlzeit über das Angebot, mit dem Hund Gassi zu gehen, bis hin zu einem einfachen Gespräch und Interesse am Leben von anderen. Du kannst versuchen, aus deiner Komfortzone herauszutreten und ganz bewusst Beziehungen zu deinen Mitmenschen aufzubauen. Achte auf die positiven Auswirkungen, die diese kleinen Taten der Freundlichkeit auf deine Nachbarinnen und Nachbarn und auf dich selbst haben.

Was nimmst du dir vor, ganz konkret?

Ereignis in der Bibel	Was passiert? Was lernen wir daraus?
Zachäus (Lukas 19,1-10)	Zachäus ist ein reicher Steuereintreiber, der von seinen Nachbarn verachtet wird. Als Jesus in seine Stadt kommt, klettert Zachäus auf einen Baum, um ihn zu sehen. Jesus bemerkt ihn und lädt sich selbst in Zachäus' Haus ein. Durch diese Begegnung bereut Zachäus sein Fehlverhalten und zeigt Liebe zu seinen Nachbarn, indem er die Hälfte seines Besitzes den Armen gibt und denen, denen er Unrecht getan hat, Wiedergutmachung leistet. → *Wir sehen, wie lebensverändernd die Begegnung mit Jesus ist.*
Die Opfergabe der Witwe (Markus 12,41-44)	Jesus beobachtet eine arme Witwe, die zwei kleine Münzen in den Tempelschatz legt – alles, was sie zum Leben hat. Jesus lobt sie für ihre Großzügigkeit und Selbstlosigkeit. → *Geben ist keine Frage der Menge, sondern eine Herzenshaltung.*

Die Samariterin (Johannes 4,1-42)	Jesus begegnet an einem Brunnen einer Samariterin und verändert sie durch seine Liebe und sein Mitgefühl. Trotz ihrer Fehler in der Vergangenheit und ihrer kulturellen Unterschiede bietet Jesus ihr lebendiges Wasser und die Möglichkeit an, Teil von Gottes Reich zu werden. → *Jeder Mensch ist der Liebe und des Mitgefühls würdig, unabhängig von seiner Vergangenheit oder seinen aktuellen Umständen.*
Die Speisung der Fünftausend (Markus 6,30-44)	Als sich eine große Menschenmenge versammelt, um Jesus lehren zu hören, machen sich die Jünger Sorgen, wie sie sie alle satt bekommen können. Mit nur fünf Broten und zwei Fischen kann Jesus auf wundersame Weise die ganze Menge satt machen. → *Das, was wir haben, sollen wir mit anderen teilen, auch wenn es scheint, dass es nicht genug ist.*
Die Goldene Regel (Matthäus 7,12)	»Geht so mit anderen um, wie die anderen mit euch umgehen sollen. In diesem Satz sind das Gesetz und die Propheten zusammengefasst.« → *Dieses einfache Gebot ermutigt uns, andere so zu behandeln, wie wir selbst behandelt werden möchten.*

Welche Erkenntnisse hast du durch diese Bibelstellen gewonnen?

 RÜCKBLICK

Was hat sich im Februar in dir verändert? Was nimmst du aus diesem Monat mit in den nächsten?

Liebe dich selbst

»Ich danke dir, dass du mich so herrlich und ausgezeichnet gemacht hast! Wunderbar sind deine Werke, das weiß ich wohl.«

Psalm 139,14

Als Christinnen und Christen sind wir dazu aufgefordert, andere mit derselben selbstlosen Liebe zu lieben, die Jesus am Kreuz zeigt. Herausfordernd genug. Allerdings vergessen wir häufig, dass der erste Schritt zu einer aufrichtigen Nächstenliebe darin besteht, uns selbst zu lieben.

Von Kindesbeinen an werden wir mit Nachrichten überschüttet, die uns weismachen wollen, dass wir nicht genügen. Ständig vergleichen wir uns mit anderen, sehnen uns nach Vollkommenheit und suchen nach Zustimmung von außerhalb. Die Folge ist: Wir vernachlässigen unsere eigenen Bedürfnisse und stellen die Bedürfnisse anderer über unsere eigenen. Vielleicht glauben wir sogar, dass es selbstsüchtig oder sündhaft ist, sich selbst zu lieben. Die Bibel lehrt uns aber, dass wir nach Gottes Ebenbild erschaffen sind und dass wir wundervoll gemacht wurden (vgl. 1. Mose 1,27; Psalm 139,14). Das bedeutet, dass wir es verdienen, geliebt und geachtet zu werden, nicht nur von anderen, sondern auch von uns selbst.

»Du bist geliebt.« Wie fühlst du dich, wenn du diesen Satz hörst? Hast du es verdient, geliebt zu werden? Warum? Warum nicht?

SELBSTGESPRÄCHE

Zu den größten Hindernissen für Selbstliebe gehören negative Selbstgespräche. Wir halten oft an negativen Überzeugungen über uns selbst fest, wie z. B. »Ich bin nicht klug genug« oder »Ich bin es nicht wert, geliebt zu werden«. Diese Überzeugungen können tief verwurzelt und schwer zu überwinden sein, aber sie sind nicht wahr.

Ich muss an eine junge Frau denken, die schon immer mit ihrem Selbstwertgefühl zu kämpfen hatte. Sie verglich sich ständig mit anderen und hatte das Gefühl, nicht dazuzugehören. Manchmal fühlte sie sich sogar schuldig, wenn sie ihre eigenen Bedürfnisse und Wünsche in den Vordergrund stellen wollte. Es war für sie ein Prozess, an die Erlaubnis zur Liebe zu glauben. Sie hatte sich über all die Jahre einen großen Vorrat an Sätzen in ihrem Kopf angelegt, die es ihr am Ende verboten, geliebt zu werden. Jedes Mal, wenn sie einen positiven Gedanken hatte, kam sofort ein Satz angeflogen, der alles kaputtmachte:

»Ich bin stolz auf die Fortschritte, die ich in meiner Karriere gemacht habe.«	»Ich bin nicht wirklich gut genug und verdiene diesen Erfolg nicht.«
»Ich habe eine starke, unterstützende Gruppe von Freunden.«	»Sie haben wahrscheinlich nur Mitleid mit mir und mögen mich nicht wirklich.«
»Ich habe bei diesem Projekt gute Arbeit geleistet.«	»Ich habe es nur durch Glück geschafft, nicht durch meine Fähigkeiten oder harte Arbeit.«

MÄRZ

Kennst du solche Sätze? Hast du eine Idee, wie sie in deinen Kopf gekommen sind?

Bei der jungen Frau war es ein ewiger Kreislauf, der erst durch Gottes bedingungslose Agape-Liebe durchbrochen werden musste. Sie brauchte die Erlaubnis zur Liebe. Schritt für Schritt übten wir gemeinsam Selbstliebe. Ich gab ihr eine Liste mit Bibelversen, die Gott über uns als seine Kinder ausspricht. Die sollte sie regelmäßig abschreiben und dann laut vorlesen. Damit sollte sie sich die Wahrheit zu eigen machen, dass sie wunderbar geschaffen ist. Millimeter für Millimeter änderte sich ihre gesamte Perspektive. Sie begann, sich selbst mit Freundlichkeit und Mitgefühl zu behandeln, und war dadurch besser in der Lage, auch andere von ganzem Herzen zu lieben. Sie wurde nicht mehr durch negative Selbstgespräche oder einschränkende Glaubenssätze über sich selbst zurückgehalten, weil sie Gott nun wirklich glaubte, wie sehr er sie liebte.

Was verbindest du mit dem Gedanken »Erlaubnis zur Liebe«? Fällt dir ein Moment deines Lebens ein, in dem du eine solche Erlaubnis brauchst? Wer könnte sie dir geben?

DAS HANDWERKSZEUG

Neben bestätigenden Selbstgesprächen hat Gott hat uns noch mehr gegeben, das uns helfen kann, zu wahrer Selbstliebe durchzudringen. Die geistliche Selbstfürsorge durch Gebet, Bibelstudium, Gottesdienst und Gemeinschaft mit anderen Gläubigen ist entscheidend für ein gesundes geistliches Leben, ein positives Selbstbild und die Förderung der Selbstliebe. Deshalb schauen wir uns diese klassischen geistlichen Disziplinen mit einem besonderen Blick darauf an, wie sie unsere Selbstliebe stärken können.

MÄRZ

Das Gebet als Herzstück der spirituellen Selbstfürsorge

Das Gebet ist das ultimative Einzelgespräch mit Gott, bei dem wir unsere innersten Gedanken, Gefühle und Erfahrungen preisgeben können. Diese persönliche Verbindung ebnet den Weg für ein besseres Verständnis von uns selbst und unserem Platz im großen Ganzen. Je mehr wir beten, desto stärker wird unsere Verbindung zu Gott, was uns auf unserem spirituellen Weg voranbringt.

Es ist absolut atemberaubend, dass wir als Christinnen und Christen das Privileg haben, mit dem Schöpfer des Universums zu sprechen. Dieser allmächtige Gott, der Sterne und Planeten formt und das Leben selbst ins Dasein ruft, möchte sich mit uns unterhalten! Es ist ein Zeichen seiner grenzenlosen Liebe, dass er uns als seine Kinder betrachtet und uns ermutigt, zu ihm zu kommen, wann immer wir es brauchen.

Hast du eine Gebetsroutine? Wie sieht sie aus? Oder: Wie könnte sie aussehen?

55

Bibelstudium für geistliches Wachstum und Verständnis

Es ist einfach unglaublich, wenn wir darüber nachdenken, dass die Bibel im Grunde genommen ein Liebesbrief Gottes an jeden von uns ist. Nein, keine kurze WhatsApp und kein Herzchen unter einem Insta-Post. Stattdessen hat sich der Schöpfer des Universums mit Feder und Pergament in der Hand hingesetzt und einen echten Brief geschrieben, um dir persönlich zu zeigen, wie sehr er dich liebt.

Er schreibt: »Hey, ich habe dich nie vergessen. Ich war die ganze Zeit bei dir, und ich liebe dich immer noch wie am ersten Tag.« Da bekommt man schon Gänsehaut, oder?

Wenn du also beim nächsten Mal in der Bibel liest, kannst du dir vorstellen, wie Gott dir mit jedem Wort seine Liebe zusichert. Lass dich von diesem unglaublichen Liebesbrief inspirieren.

Wann hattest du das letzte Mal Gänsehaut beim Lesen eines Bibelverses?

MÄRZ

Gemeinschaft mit anderen Gläubigen zur Unterstützung und Ermutigung

Stell dir vor, du bist in einer großen Familie, in der jeder für jeden da ist, ihr gemeinsam lacht, feiert und euch gegenseitig unterstützt. Genauso hat Gott uns als Gemeinde geschaffen – als eine bunte Mischung von Menschen, die zusammenkommen, um Liebe, Freude und Gemeinschaft zu teilen.

Gottes Plan für uns als Gemeinde ist einfach und genial zugleich: Er möchte, dass wir in dieser Gemeinschaft einfach »sein« dürfen, ohne uns verstellen zu müssen. Wir dürfen so sein, wie wir sind, mit unseren Stärken und Schwächen, Fehlern und Erfolgen. Durch die Gemeinde erfahren wir Gottes bedingungslose Liebe und lernen, diese Liebe auch an andere weiterzugeben.

In einer Gemeinde treffen wir auf Menschen mit unterschiedlichsten Hintergründen, Talenten und Persönlichkeiten. Und genau das ist das Tolle daran: Wir können voneinander lernen, miteinander wachsen und uns gegenseitig ergänzen. So zeigt sich Gottes Vielfalt und Kreativität in unserer Gemeinschaft.

In dieser Gemeinschaft dürfen wir uns fallen lassen, Halt finden und gleichzeitig anderen Halt geben. So sind wir nicht nur von Gott geliebt, sondern auch Teil einer größeren Familie, die gemeinsam durch dick und dünn geht.

Wo hast du zum letzten Mal eine Gemeinschaft erlebt, in der du dich einfach fallen lassen konntest?

GOTTES LIEBE: EINFACH SEIN

Wie großartig ist es bitte, in Gottes Liebe einfach sein zu dürfen? Stell dir vor, du bist umgeben von einer warmen, liebevollen Umarmung, die dir stets Halt und Geborgenheit bietet. Genau das ist Gottes Liebe für uns. Sie ist wie ein unsichtbares Sicherheitsnetz, das uns auffängt, wenn wir stolpern, und uns in die Höhe hebt, wenn wir fliegen wollen. Besonders in der digitalen Welt, in der wir ständig nach Anerkennung und Bestätigung suchen, ist es umso wichtiger, uns daran zu erinnern, dass wir bereits unendlich geliebt sind. Gottes Liebe ist bedingungslos, das heißt, sie ist immer da, auch wenn wir uns nicht »perfekt« verhalten oder uns in unseren Schwächen verlieren.

Diese Erkenntnis hat eine erstaunliche Kraft: Sie stärkt unsere Selbstliebe. Wenn wir wissen, dass wir in Gottes Augen wertvoll und liebenswert sind, fällt es uns leichter, uns selbst anzunehmen und zu lieben. Das ist so, als würden wir uns selbst durch Gottes liebevolle Brille betrachten und all die Schönheit erkennen, die schon immer in uns steckte. Diese Zusage finden wir z. B. in 1. Johannes 4,10: »Und das ist die wahre Liebe: Nicht wir haben Gott geliebt, sondern er hat uns zuerst geliebt und hat seinen Sohn gesandt, damit er uns von unserer Schuld befreit.«

Fühlst du dich von Gott geliebt? Falls nicht: Was hält dich davon ab? Was würde dir helfen, dich einfach in Gottes Liebe fallen zu lassen?

Wie gehst du mit dir selbst um, wenn du einen Fehler machst oder versagst? Bist du gnädig mit dir und hast du Mitgefühl oder kritisierst du dich und machst dich fertig?

Welche negativen Glaubenssätze oder Denkmuster hast du über dich selbst, die dich daran hindern, dich voll und ganz zu lieben und zu akzeptieren, wer du bist? Wie kannst du daran arbeiten, diese Überzeugungen zu ändern und sie durch positivere zu ersetzen?

Wie stellst du deine Selbstfürsorge und dein Wohlbefinden in den Vordergrund? Nimmst du dir Zeit für Aktivitäten, die dir Freude und Entspannung bringen, oder stellst du ständig die Bedürfnisse anderer vor deine eigenen? Wie kannst du ein besseres Gleichgewicht schaffen und dich besser um dich selbst kümmern?

Wenn du bei der Challenge in diesem Monat mitmachst, kannst du dir vornehmen, im März jeden Tag mindestens eine Sache für dich selbst zu tun. Etwas, das dir und deiner Beziehung zu Gott guttut. Das kann ein Gebetsspaziergang sein, es kann eine Liste mit göttlichen Verheißungen sein, die du täglich liest. Es kann eine halbe Stunde nur für dich, deine Gedanken und ein Lobpreisalbum sein.

Wenn du ein großes Problem mit ständigen Vergleichen hast, gibt es in diesem Monat noch eine Steigerung: kein Social Media. Ich glaube, dass so eine radikale Kur oft das Einzige ist, das uns aus der Schieflage des eigenen Selbstbilds retten kann.

MÄRZ

Ereignis in der Bibel	Was passiert? Was lernen wir daraus?
Die Schöpfungsgeschichte (1. Mose 1–2)	Gott schafft die Menschen nach seinem Ebenbild und zeigt damit den Wert und die Würde, die er jeder einzelnen Person zuspricht. → *Wenn wir das verstehen, können wir lernen, uns selbst zu lieben und uns als wertvoll und liebenswert zu betrachten.*
Elia auf der Flucht vor Isebel (1. Könige 19,1-18)	Elia war überwältigt und wollte auf seiner Flucht schon aufgeben, aber Gott gab ihm Ruhe, Nahrung und Ermutigung, um seinen Weg fortzusetzen. → *Selbstfürsorge und Selbstmitgefühl sind in Zeiten von Schwierigkeiten und Stress das Wichtigste.*
Psalm 139	Gott kennt uns sehr gut, selbst unsere innersten Gedanken und Gefühle. Er betont in diesem Psalm, dass wir wunderbar gemacht sind. → *Wir sind geliebt und angenommen, so wie wir sind.*

61

Die Seligpreisungen
(Matthäus 5,1-12)

Zu Jesu Bergpredigt gehören auch die Seligpreisungen. Diese Verse beschreiben unter anderem die Seligkeit derer, die sanftmütig, barmherzig, reinen Herzens und friedensstiftend sind.

→ *Wir werden von Gott dafür gesegnet und geliebt, wer wir sind, und nicht dafür, was wir haben oder erreichen.*

Welche Erkenntnisse hast du durch diese Bibelstellen gewonnen?

RÜCKBLICK

Was hat sich im März in dir verändert? Was nimmst du aus diesem Monat mit in den nächsten?

Liebe deine Familie

**»Ich und meine Familie werden jedenfalls dem HERRN die-
nen.«**

Josua 24,15

Die Familie ist – bei allem Stress, den sie manchmal bedeuten
kann – eine geniale Erfindung Gottes. Es ist die kleinste Einheit
der Gemeinschaft, die er der Menschheit gegeben hat. Die Bibel macht
deutlich, dass familiäre Beziehungen für Gott wichtig sind, und er ruft
uns auf, unsere Familienmitglieder mit einer besonderen Art von Liebe
zu lieben. In der ganzen Bibel finden wir Beispiele für Gottes Wunsch
nach gesunden, liebevollen Familienbeziehungen.

Für mich persönlich ist eines der eindrücklichsten Beispiele für Familienliebe am Fuß des Kreuzes zu beobachten: »Als Jesus seine Mutter
dort neben dem Jünger stehen sah, den er lieb hatte, sagte er zu ihr: ›Frau,
hier ist dein Sohn.‹ Und zu dem Jünger sagte er: ›Hier ist deine Mutter.‹
Von da an nahm Johannes sie in sein Haus auf« (Johannes 19,25-27). In
diesem Moment kümmert sich Jesus nicht nur darum, dass seine Mutter
nach seinem Tod ernährt wird, sondern sorgt auch dafür, dass sie see-

lisch und geistlich versorgt ist – er gibt ihr einen neuen Sohn, eine neue Familie. Nicht bloß jemanden, der für sie einkaufen geht. Für mich ist das der Inbegriff der familiären Agape-Liebe: den anderen wirklich im Blick haben – mit Körper, Seele und Geist.

Wenn wir diese biblischen Beispiele und Anweisungen betrachten, sehen wir, dass Gott einen hohen Wert auf gesunde, liebevolle Familienbeziehungen legt. Er fordert uns auf, unsere Eltern zu ehren, unsere Familienmitglieder wie uns selbst zu lieben, uns einander in Liebe zu unterwerfen und für diejenigen in unserer Familie zu sorgen, die in Not sind. Wenn wir diese Anweisungen und Beispiele befolgen, können wir Gottes Liebe und seinen Charakter der Welt um uns herum zeigen und die verändernde Kraft der Agape-Liebe in unseren Familienbeziehungen erfahren.

Nimm dir auf dieser Seite Platz und notiere alle Mitglieder deiner engeren Familie. Wie ist deine Beziehung zu den jeweiligen Personen gerade? Wo ist deine Familie auch mal anstrengend?

In der christlichen Tradition spielt die Liebe eine zentrale Rolle, insbesondere in der Familie. Die Familie ist nicht nur der Ort, an dem wir unsere Wurzeln finden und unsere Identität entwickeln, sondern auch der Raum, in dem wir die bedingungslose Liebe Gottes erfahren und weitergeben können. Im alltäglichen Miteinander liegt die Kraft der Liebe, die uns inspiriert, gemeinsam zu wachsen und füreinander da zu sein.

Die Liebe in der Familie zeigt sich nicht nur durch große Gesten, sondern auch durch kleine alltägliche Handlungen. Ein freundliches Lächeln, ein aufmerksames Zuhören oder ein ehrliches Kompliment können das Familienleben bereichern.

Wie in den Schritten zuvor geht es auch bei unserem Familienleben nicht darum, jedes einzelne Detail mit Liebe zuzuschütten. Das würde uns und wahrscheinlich auch die Menschen am anderen Ende unserer Liebeskanone überfordern. Deshalb soll es vielmehr darum gehen, die vielen kleinen Stellschrauben richtig zu stellen und so in diesem emotional so dichten Geflecht immer mehr mit Liebe geschehen zu lassen.

Welche kleinen Gesten von Familienmitgliedern haben dir in der letzten Zeit Freude bereitet?

Vielleicht probierst du selbst etwas von dieser Liste aus, um die Liebe in deiner Familie zu stärken:

Einfühlsam zuhören und versuchen zu verstehen.
Eine wichtige Art der Familienliebe ist einfühlsames Zuhören und Verständnis für die Perspektive der anderen. Wir sollten unsere Annahmen und Vorurteile beiseitelegen und uns auf das konzentrieren, was sie sagen. Offene Fragen helfen dabei, ohne Urteil oder Unterbrechung zuzuhören. Durch ehrliche Kommunikation schaffen wir eine Umgebung für tiefere Beziehungen und ein besseres Verständnis innerhalb der Familie.

Bei wem aus deiner Familie könntest du anfangen, seine oder ihre Perspektive einzunehmen und ihn oder sie dadurch besser zu verstehen?

Worte der Ermutigung sprechen.

Um unsere Familienmitglieder zu lieben, können wir sie bestärken und ermutigen. Such aktiv nach ihren Stärken und sag es ihnen. Zeig ihnen, dass du sie schätzt, stolz auf sie bist und sie liebst. Das baut sie auf und stärkt eure Beziehungen.

Welche Stärken hat ein bestimmtes Familienmitglied? Schreibe sie auf und gib ihm oder ihr anschließend deine Notizen.

Einander verzeihen, wie Christus uns vergeben hat.

In gesunden Familienbeziehungen ist Vergebung ein Muss. Wenn wir unseren Lieben vergeben, geben wir ihnen Freiheit von Schuld und zeigen ihnen Barmherzigkeit. Es ist nicht einfach zu vergeben, aber es ist wichtig, um unsere Familie mit bedingungsloser Liebe zu umarmen. Durch Vergebung öffnen wir Türen für Heilung und Versöhnung in unseren Beziehungen.

Denkst du immer wieder an eine bestimmte Verletzung eines Familienmitglieds? Wie könntest du sie vergeben und loslassen?

Für und mit unseren Familienmitgliedern beten.

Wir können unsere Familienmitglieder mit Agape-Liebe lieben, indem wir regelmäßig für sie beten. Gebet ist ein mächtiges Werkzeug, das unsere Beziehungen positiv beeinflussen kann. Wir beten für ihre Gesundheit, Beziehungen, Arbeit und ihr spirituelles Leben. Zusammen können wir vor Mahlzeiten beten oder auch längere Gebetszeiten einführen. Durch das gemeinsame Gebet laden wir Gottes Gegenwart in unsere Beziehungen ein und zeigen Liebe und Fürsorge.

Wie kannst du mit deiner Familie eine kreative Gebetszeit einplanen? Fällt dir etwas ein?

Neben unseren menschlichen Familien haben wir noch eine Familie, die um einiges größer ist, als wir vielleicht ahnen. Denn wir gehören außerdem zur Familie Gottes. Zu dieser Familie zu gehören, ist ein unglaubliches Geschenk! Es ist wie ein lebenslanges Abonnement für bedingungslose Liebe und Unterstützung. Es bedeutet, dass wir niemals allein sein werden, weil Gott immer bei uns ist und wir Teil einer Gemeinschaft von Gleichgesinnten sind, die uns auf unserem Weg begleiten.

Und das Beste daran ist, dass dieses Geschenk für jeden offensteht! Egal, wer du bist oder woher du kommst, du kannst Teil der Familie Gottes werden, indem du dich für Jesus Christus entscheidest und dein Leben ihm anvertraust. Also, wenn du das Gefühl hast, dass du etwas in deinem Leben vermisst oder dich allein fühlst, denke daran, dass die Tür zur Familie Gottes immer offen steht. Stelle dir einmal vor: Deine Familie ist dank deines Glaubens so groß, dass sie sich durch fast alle Zeiten, Kulturen und Länder zieht.

Über wen freust du dich besonders? Notiere hier die Menschen aus der Weltgeschichte, die zur Familie Gottes gehören, und schreibe auf, warum du dich freust, dass sie damit auch Teil deiner Familie sind.

CHALLENGE DES MONATS

Wie kannst du ein tieferes Verständnis für die einzigartigen Perspektiven und Erfahrungen deiner Familienmitglieder entwickeln,
um ein einfühlsames und mitfühlendes Umfeld zu schaffen, in dem
sich alle wohlfühlen?

Wie kannst du bewusst Liebe und Wertschätzung gegenüber deinen Familienmitgliedern ausdrücken, um deine Bindungen zu
stärken und einen Raum der Unterstützung, Ermutigung und Zugehörigkeit zu schaffen?

APRIL

Wie kannst du offene Kommunikation und aktives Zuhören in deiner Familie fördern, um Vertrauen, Respekt und Verletzlichkeit zu stärken, während ihr gemeinsam die Herausforderungen des Lebens meistert?

Zeit ist das kostbarste Gut, das wir haben, besonders wenn es um unsere Familie geht. Wenn ich Gespräche im Bereich Familie führe, ist das Thema Zeit immer präsent. Deshalb möchte ich dich dazu ermutigen, deinen Kalender radikal zu zerlegen und Zeit für deine Lieben freizuschaufeln. Stell dir vor, wie viel Freude es deinen Kindern bereitet, wenn du sie abends ins Bett bringst und Zeit mit deinem Partner oder deiner Partnerin verbringst. Oder wie wertvoll es ist, am Wochenende gemeinsam etwas zu unternehmen und unvergessliche Erinnerungen zu schaffen. Eine Familie, die keine gemeinsame Zeit verbringt, funktioniert einfach nicht.

Nimm dir deshalb vor, im April mindestens alle Samstage und zwei Abende in der Woche für deine Familie freizumachen. Überlege dir gemeinsam mit deinen Lieben zwei Aktionen pro Woche, die ihr gemeinsam unternehmen könnt. Ob ein Besuch im Freizeitpark, gemeinsames Kochen oder ein DIY-Projekt im Haus – es gibt unzählige Möglichkeiten, eure Beziehung zu stärken und eure Kommunikation zu fördern. Also: Schnapp dir deine Familie und genieße gemeinsame Zeit voller Spaß und Abenteuer. Glaub mir, es wird sich lohnen!

 ## TIEFER TAUCHEN IM APRIL

Ereignis in der Bibel	Was passiert? Was lernen wir daraus?
Erschaffung der ersten Familie (1. Mose 1,26-28, 2,18-24)	Am Anfang der Welt schafft Gott Adam und Eva als erste Familie und unterstreicht damit die Bedeutung der Familieneinheit. → *Die Geschichte verdeutlicht die Bedeutung von Gemeinschaft und Partnerschaft im Familienleben.*
Abraham und Sara (1. Mose 12–21)	Trotz ihres hohen Alters segnet Gott Abraham und Sara mit ihrem Sohn Isaak und erfüllt damit sein Versprechen, Abraham zum Vater vieler Völker zu machen. → *Glaube, Geduld und Vertrauen sind innerhalb einer Familie unglaublich wichtig.*

Josef und seine Brüder (1. Mose 37.39-45)	Josef, der Lieblingssohn seines Vaters Jakob, wird von seinen eifersüchtigen Brüdern in die Sklaverei verkauft. Trotz ihres Verrats vergibt Josef ihnen und rettet schließlich seine ganze Familie vor einer Hungersnot.
	→ *Die Geschichte von Josef zeigt, wie wichtig Vergebung und Einigkeit in einer Familie sind und wie bedeutsam es ist, Eifersucht und Zwietracht zu überwinden, um die Familienbande zu stärken.*
Die Auferweckung des Lazarus (Johannes 11,1-44)	Jesus, der von der Liebe von Lazarus' Schwestern, Maria und Martha, bewegt wird, tut ein Wunder und erweckt ihren Bruder wieder zum Leben.
	→ *Dieses Ereignis zeigt die tiefe Verbundenheit innerhalb einer Familie und wie diese Liebe zu wundersamen Taten führen kann.*

Welche Erkenntnisse hast du durch diese Bibelstellen gewonnen?

APRIL

 RÜCKBLICK

Was hat sich im April in dir verändert? Was nimmst du aus diesem Monat mit in den nächsten?

Liebe deinen Partner/ deine Partnerin

»Die Liebe ist geduldig und freundlich. Sie ist nicht neidisch oder überheblich, stolz oder anstößig. Die Liebe ist nicht selbstsüchtig. Sie lässt sich nicht reizen, und wenn man ihr Böses tut, trägt sie es nicht nach. Sie freut sich niemals über Ungerechtigkeit, sondern sie freut sich immer an der Wahrheit. Die Liebe erträgt alles, verliert nie den Glauben, bewahrt stets die Hoffnung und bleibt bestehen, was auch geschieht.«

1. Korinther 13,4–7

Es gibt kaum einen Text, den ich bei einer kirchlichen Trauung so häufig gehört habe wie die Worte aus dem ersten Korintherbrief über die Liebe. Paulus beschreibt darin sehr schön, wie wahre Liebe aussieht, und es verwundert nicht, dass sich in seinen Worten viele Brautpaare wiederfinden. Zumindest ist es das, was wir in der partnerschaft-lichen Liebe suchen: einander mit all unseren Stärken und Schwächen zu akzeptieren – so wie wir sind. Diese Art von Liebe ist das Band, das uns miteinander verbindet und uns in guten wie in schlechten Zeiten Halt gibt.

Gott hat die Liebe in unser Leben gelegt, damit wir uns gegenseitig stützen und vertrauen können. Er wünscht sich, dass wir uns in der Lie-be fallen lassen, ohne Angst zu haben, verletzt zu werden. Denn wenn wir uns wirklich lieben, sind wir bereit, uns dem oder der anderen ganz hinzugeben und gemeinsam Höhen und Tiefen zu durchleben.

Welche Höhen und Tiefen habt ihr gemeinsam durchlebt? Wie seid ihr daran gewachsen?

DIE LIEBE VERSTEHEN

Wenn wir uns ernsthaft mit diesem Ideal der Liebe auseinandersetzen wollen und sie zu einem Teil unseres Lebens werden lassen wollen, müssen wir tiefer eintauchen. In diesen Versen sehe ich acht Eigenschaften der Liebe, die uns zeigen, wie sehr die Liebe über ein bloßes Gefühl hinausgeht und wie sehr sie in jedem Bereich der Partnerschaft ausschlaggebend ist.

Das Erste, was uns in diesem Abschnitt auffällt: dass die Liebe geduldig ist. Geduld ist eine wichtige Eigenschaft in jeder Beziehung. Sie beinhaltet die Bereitschaft zu warten. Es bedeutet, dass wir in der Lage sind, den Prüfungen der Zeit und den Umständen, die uns begegnen, standzuhalten. Wenn wir geduldig mit unserem Partner oder unserer Partnerin sind, zeigen wir ihm oder ihr, dass wir ihn oder sie schätzen und bereit sind, in ihn oder sie zu investieren, egal was passiert.

Bist du ein geduldiger Mensch? Wann erfordert deine Beziehung am meisten Geduld?

Die zweite Eigenschaft der Liebe ist Freundlichkeit. Freundlichkeit ist der Akt der Fürsorge, des Mitgefühls und der Großzügigkeit gegenüber anderen. Sie bedeutet, dass wir uns bemühen, anderen das Gefühl zu geben, geliebt und geschätzt zu werden. Wenn wir freundlich zu unserem Partner oder unserer Partnerin sind, zeigen wir ihm oder ihr, dass wir uns um ihn oder sie kümmern und uns sein oder ihr Wohl am Herzen liegt.

Wann fällt dir genau das schwer?

Die dritte Eigenschaft der Liebe ist, dass sie nicht neidisch oder überheblich ist. Das bedeutet, dass wir nicht versuchen, uns mit anderen zu vergleichen oder uns besser darzustellen, als wir wirklich sind. Stattdessen konzentrieren wir uns darauf, uns in unserer Partnerschaft aufzubauen und gegenseitig zu helfen, die beste Version unserer selbst zu werden.

Wann hast du deinen Partner oder deine Partnerin zum letzten Mal ermutigt? Wann er oder sie dich?

Die vierte Eigenschaft der Liebe ist, dass sie nicht stolz oder anstößig ist. Stolz und Anstößigkeit sind oft das Ergebnis von Unsicherheit oder mangelndem Selbstvertrauen. Wenn wir wirklich Vertrauen in uns selbst und in unsere Beziehung haben, können wir uns in der Partnerschaft mit Respekt und Freundlichkeit behandeln, auch wenn wir anderer Meinung sind.

In welchen Bereichen deiner Partnerschaft bist du unsicher? Wie könnt ihr darüber ins Gespräch kommen?

M A /

Die fünfte Eigenschaft der Liebe ist, dass sie nicht selbstsüchtig ist. Das beinhaltet die Bereitschaft, Kompromisse einzugehen und gemeinsam nach Lösungen für Probleme zu suchen. Wenn wir in der Lage sind, unsere eigenen Wünsche zum Wohle des oder der anderen zurückzustellen, zeigen wir wahre Liebe und Selbstlosigkeit.

Wann hast du das letzte Mal einen Wunsch in deiner Partnerschaft hintenangestellt?

Die sechste Eigenschaft der Liebe ist, dass sie nicht reizbar oder nachtragend ist. Gereiztheit und Unmut können eine Beziehung schnell vergiften. Wenn wir in der Lage sind, Fehler zu verzeihen und über Schwächen hinwegzusehen, zeigen wir die Art von Liebe, die selbst den härtesten Herausforderungen standhalten kann.

Bei welchen Themen fällt dir das am schwersten?

Die siebte Eigenschaft der Liebe ist die Freude über die Wahrheit anstelle von Freude über Ungerechtigkeit. Das bedeutet, dass wir uns bemühen, das Richtige und Gute zu tun, auch wenn es schwierig oder unpopulär ist. Wenn wir in der Lage sind, für das einzutreten, woran wir glauben, und uns innerhalb der Partnerschaft an einen hohen Standard von Moral und Ethik halten, zeigen wir die Art von Liebe, die die Welt verändern kann.

Seid ihr in eurer Partnerschaft in Fragen von Ethik und Wahrheit auf einem Nenner?

Die achte Eigenschaft der Liebe beinhaltet, alles zu glauben, alles zu hoffen und alles zu ertragen. Das bedeutet, dass wir bereit sind, die Höhen und Tiefen des Lebens mit unserem Partner oder unserer Partnerin zu ertragen, an sein und ihr Potenzial zu glauben und sein oder ihr Bestes zu erhoffen, egal was passiert.

Was erhoffst du dir für die Zukunft deiner Partnerschaft?

Du siehst, dass das Verständnis von Liebe ein wesentlicher Bestandteil einer gesunden und erfüllenden Beziehung ist. Wahre Liebe ist geduldig, freundlich, selbstlos und strebt danach, das Richtige und Gute zu tun. In der Praxis bedeutet das, dass wir unsere Liebe in der Partnerschaft ganz bewusst zeigen müssen. Wir müssen uns die Zeit nehmen, zuzuhören, Bedürfnisse und Wünsche des oder der anderen zu verstehen und ihn oder sie bei Zielen und Träumen zu unterstützen. Wir sollten bereit sein, Kompromisse einzugehen und gemeinsam Lösungen für Probleme zu finden. Außerdem wäre es ideal, geduldig zu sein, wenn die Dinge nicht so laufen, wie wir wollen, und nachsichtig, wenn wir Fehler machen.

Das ist natürlich leichter gesagt als getan. In unserer schnelllebigen, egozentrischen Kultur kann es eine Herausforderung sein, diese Qualitäten der Liebe zu leben. Wir werden mit Botschaften bombardiert, die uns sagen, dass wir uns selbst an die erste Stelle setzen, unser eigenes Glück um jeden Preis verfolgen und andere als Hindernisse für unseren Erfolg ansehen sollen. Wenn wir uns jedoch die in 1. Korinther 13 beschriebene Liebe zu eigen machen, erkennen wir, dass wahre Erfüllung und Freude nicht aus Selbstbezogenheit, sondern aus Selbstlosigkeit kommen.

DAS ABBILD DER GÖTTLICHEN LIEBE

Die Liebe, die wir für unseren Partner oder unsere Partnerin empfinden, zeigt uns auch, wie Gott uns liebt und wie wir diese Liebe in unserem Leben erfahren können. Die göttliche Liebe ist eine grenzenlose, bedingungslose und unendliche Kraft, die uns umgibt und in unseren Herzen wohnt. Er schenkt uns Liebe, damit wir uns geborgen und verstanden fühlen, ganz gleich, welche Herausforderungen uns im Leben erwarten. Wenn wir von Gottes Liebe erfüllt sind, können wir diese Liebe auch an andere Menschen weitergeben, z. B. an unseren Partner oder unsere Partnerin. Indem wir uns gegenseitig Vertrauen, Hingabe und Mitgefühl schenken, drücken wir göttliche Liebe aus, die uns befähigt, ein erfülltes Leben zu führen. Während wir diese Werte leben, ehren wir Gottes Liebe und bringen sie in die Welt hinaus. Die Schönheit der Liebe in einer Partnerschaft lässt uns wachsen und uns weiterentwickeln. Gemeinsam lassen wir uns von dem Geschenk der Liebe Gottes immer wieder aufs Neue berühren und kommen durch die Kraft der Vergebung auch nach Verletzungen immer wieder zusammen.

Fallen dir Momente der Schönheit und des Vertrauens in deiner Partnerschaft ein?

Wie sieht die Agape-Liebe in deiner Partnerschaft aus? Wie könnt ihr als Ehepaar diese selbstlose, aufopferungsvolle Liebe zueinander aktiv leben?

Wie kann ein starkes Fundament der Liebe in der Ehe aufrechterhalten werden, selbst in schwierigen Zeiten oder wenn Konflikte auftreten? Welche Praktiken oder Gewohnheiten kannst du kultivieren, um diese Art von Liebe zu pflegen?

MA /

Wie kann sich die Agape-Liebe in deiner Ehe positiv auf die einzelnen Personen in der Beziehung und auf die Partnerschaft an sich auswirken? Wie kann diese Art von Liebe die Welt um sie herum beeinflussen und zu einem größeren Wohl beitragen?

In diesem Monat möchte ich dich ermutigen, deiner Ehe einen höheren Stellenwert einzuräumen als sonst, indem du eine wöchentliche Date Night einplanst. Eure Beziehung ist wichtig und sie verdient es, dass ihr euch bewusst Zeit füreinander nehmt. Hier ist also eine Herausforderung für dich: Jeder von euch plant abwechselnd einen Abend in der Woche, der die Interessen und Vorlieben des Partners oder der Partnerin widerspiegelt. Probiert etwas Neues aus, wie z. B. ein neues Rezept zu kochen, besucht ein Konzert oder eine Veranstaltung oder unternehmt einen Ausflug in die Natur. Schaltet eure Telefone aus, redet nicht über die Arbeit oder andere Stressfaktoren und konzentriert euch auf euch als Paar. Nutzt diese Zeit, um euch wieder näherzukommen und eure Bindung zu stärken, aber auch, um Spaß zu haben und gemeinsam neue Erinnerungen zu schaffen.

Denke daran, dass deine Ehe ein Geschenk Gottes ist und ein Spiegelbild seiner Liebe zu uns. Indem ihr bewusst in eure Beziehung investiert, ehrt ihr ihn und schafft ein starkes Fundament für euer gemeinsames Leben.

In diesem Monat kann es wichtig sein, dass ihr euch ein älteres Paar für ein Mentorengespräch sucht. Gerade Menschen, die in ihrer Ehe schon mehr erlebt haben als ihr, können euch an ihrer Erfahrung teilhaben lassen und euch helfen, Probleme zu umschiffen, bevor sie wirklich auftreten.

Namen

MAI

Ereignis in der Bibel	Was passiert? Was lernen wir daraus?
Isaak und Rebekka (Genesis 24)	Abraham schickt seinen Knecht, um eine Frau für seinen Sohn Isaak zu finden. Der Diener betet um Führung und Gott führt ihn zu Rebekka, die sich freundlich und großzügig zeigt. Isaak und Rebekka heiraten und entwickeln eine tiefe Liebe zueinander. → *Auch wenn du jetzt noch allein bist, kannst du Gott um Führung bei der Suche nach einem Partner oder einer Partnerin bitten.*
Josef und Maria (Matthäus 1,18-25)	Josef ist mit Maria verlobt, als er erfährt, dass sie schwanger ist. Obwohl er zunächst vorhat, sich in aller Stille von ihr zu trennen, erscheint ihm ein Engel im Traum und erklärt ihm, dass das Kind vom Heiligen Geist gezeugt worden ist. Josef heiratet Maria aus Gehorsam und zieht Jesus als sein eigenes Kind auf. → *Vertrauen ist die Grundlage jeder funktionierenden Beziehung und das Vertrauen in Gott umso mehr.*

Die Braut Christi (die Kirche) und Jesus (Offenbarung 19,6-9)

In der Offenbarung wird die Hochzeit des Lammes (Jesus) mit seiner Braut (der Kirche) als großes Fest im Himmel beschrieben. Diese Vereinigung stellt die endgültige Erfüllung von Gottes Liebe und Plan für sein Volk dar.

→ *Die irdische Liebe ist nicht das Ende deiner Liebesgeschichte.*

Welche Erkenntnisse hast du durch diese Bibelstellen gewonnen?

M A /

 **RÜCKBLICK**

Was hat sich im Mai in dir verändert? Was nimmst du aus diesem Monat mit in den nächsten?

Liebe deine Gemeinde

»Spornt euch gegenseitig zu Liebe und zu guten Taten an. Und lasst uns unsere Zusammenkünfte nicht versäumen, wie einige es tun, sondern ermutigt und ermahnt einander, besonders jetzt, da der Tag seiner Wiederkehr näher rückt!«

Hebräer 10,24–25

Bisher haben wir uns mit kleinen Konstellationen von Menschen beschäftigt. Nun ist das Christsein aber keine Sache, die man mit sich allein und Gott ausmacht, sondern es ist ein Teamsport. Und – wie könnte es anders sein – auch da spielt die Liebe eine nicht zu überschätzende Rolle.

Christsein als Teamsport – was löst dieses Bild in dir aus? Freude, weil viel los ist? Unbehagen, weil vielleicht jemand Fremdes auf deinem Stammplatz sitzen könnte?

Warum ist es wichtig, deine Gemeinde zu lieben?

Schauen wir uns zuerst zwei entscheidende Bibelstellen an, die uns verdeutlichen, warum es gut und wichtig ist, Teil einer Gemeinde zu sein. Zuallererst liefert die Bibel eine starke Grundlage dafür, warum wir unsere Gemeinde lieben sollten. Die oben zitierte Bibelstelle aus Hebräer könnte man mit anderen Worten so ausdrücken: Es ist deutlich besser, mit anderen gemeinsam unterwegs zu sein, als allein vor sich hinzuleben.

Eine weitere Schlüsselstelle, die die Wichtigkeit der Gemeindeliebe verdeutlicht, findet sich in 1. Korinther 12,12-27. In diesem Abschnitt wird die Gemeinde mit einem Körper verglichen, in dem jedes Mitglied eine einzigartige und wichtige Rolle spielt. So wie ein Körper nicht richtig funktionieren kann, wenn ein Teil fehlt oder verletzt ist, kann auch die Kirche ihren Auftrag nicht erfüllen, wenn die einzelnen Mitglieder nicht in Liebe und Einigkeit zusammenarbeiten.

Doch das ist nicht alles. Neben der biblischen Grundlage gibt es auch eine Reihe emotionaler Vorteile, die sich aus der Zugehörigkeit zu einer Ortsgemeinde ergeben. Wir Menschen wurden für Beziehungen geschaffen, und die Kirche bietet eine einzigartige Gelegenheit, tiefe, bedeutungsvolle Verbindungen zu anderen aufzubauen, die unseren Glauben teilen.

Sehnst du dich nach tiefen Beziehungen? Was würde in deinem Leben fehlen, wenn es diese Beziehungen nicht gäbe?

Ebenso können wir in einer Gemeinde erleben, welche Stärke davon ausgeht, einander zu unterstützen. In all den Herausforderungen und Kämpfen unseres Lebens kann es einen großen Unterschied machen, eine Gruppe von Menschen zu haben, die uns unterstützt, uns ermutigt und für uns betet. Teil einer Kirchengemeinde zu sein bedeutet, gemeinsam Erfolge zu feiern, Verluste zu betrauern und uns in schwierigen Zeiten beizustehen und zu bestärken.

In all diesen Aspekten erkennen wir Gottes Liebe, die uns durch die Gemeinschaft geschenkt wird. Es ist kein Zufall, dass Gott uns in der Gemeinde zusammenführt, um in Liebe und Einigkeit miteinander zu leben und seinen Auftrag auf der Erde zu erfüllen, denn in der Gemeinde wird seine Liebe auf eine besondere Weise sichtbar.

Darüber hinaus zeigt uns die Gemeinschaft, wie sehr Gott uns liebt und schätzt, indem er jedem von uns eine einzigartige Rolle und Aufgabe innerhalb des »Körpers« zuweist. Gerade durch die Zusammenarbeit und das Zusammenspiel der verschiedenen Gaben und Talente, die Gott uns gegeben hat, können wir seine Liebe leben. Paulus drückt das in seinem Brief an die Epheser aus, indem er schreibt: »Lasst uns in Liebe an der Wahrheit festhalten und in jeder Hinsicht Christus ähnlicher werden, der das Haupt seines Leibes – der Gemeinde – ist« (Epheser 4,15).

Welcher »Körperteil« der großen Gemeinde bist du am ehesten? Wie bist du dazu gekommen?

Das Leben in der Gemeinde kann wie ein wunderbares Puzzle sein, das uns gleichzeitig fasziniert und herausfordert. Wenn unterschiedliche Menschen aufeinandertreffen und Zeit miteinander verbringen, beginnt ein Abenteuer voller Höhen und Tiefen. Man könnte sagen, dass die Liebe in diesen Momenten auf die Probe gestellt wird. Bestimmt hast du es schon einmal erlebt.

In unserer Gemeinde kann es manchmal, wie in jeder Familie, zu Konflikten und Schwierigkeiten kommen. Doch selbst in diesen herausfordernden Zeiten zeigt Gott uns, dass er immer für uns da ist und uns mit seiner unendlichen Liebe erfüllt. Stell dir vor, Gott ist wie ein liebevoller Vater, der seine Kinder in den Arm nimmt, wenn sie traurig oder wütend sind. Er hört uns zu, versteht uns und leitet uns auf dem Weg zu Versöhnung und Vergebung. In schwierigen Momenten ist seine Liebe wie ein kuscheliges, warmes Licht, das uns umhüllt und uns die Kraft gibt, weiterzumachen und die Herausforderungen gemeinsam zu bewältigen.

Welche (positiven) Eigenschaften muss Gott für dich als Vater haben?

Es ist wichtig, dass wir uns immer wieder daran erinnern, wie Gott uns in solchen Momenten mit Liebe füllt. Jeder Streit und jede Schwierigkeit beinhalten eine Chance, unseren Glauben und unsere Gemeinschaft zu stärken. Wir können aus unseren Fehlern lernen und uns gegenseitig helfen, einander besser zu verstehen und zu respektieren. Gottes Liebe ist wie ein sicherer Hafen, in dem wir uns ausruhen und erholen können, bevor wir uns wieder auf die Reise begeben. Sie ist immer da, auch wenn wir sie manchmal nicht sofort spüren. So können wir, auch in schwierigen Zeiten, gestärkt und voller Hoffnung und Liebe aufeinander zugehen und gemeinsam wachsen.

KREUZ UND KINTSUGI

In Philipper 2,1-4 schreibt Paulus: »Ermutigt ihr euch gegenseitig, Christus nachzufolgen? Tröstet ihr euch gegenseitig in Liebe? Seid ihr im Heiligen Geist verbunden? Gibt es unter euch Barmherzigkeit und Mitgefühl? Dann macht doch meine Freude vollkommen, indem ihr in guter Gemeinschaft zusammenarbeitet, einander liebt und von ganzem Herzen zusammenhaltet. Seid nicht selbstsüchtig; strebt nicht danach, einen guten Eindruck auf andere zu machen, sondern seid bescheiden und achtet die anderen höher als euch selbst. Denkt nicht nur an eure eigenen Angelegenheiten, sondern interessiert euch auch für die anderen und für das, was sie tun.« Das ist Agape-Liebe. Wohin man schaut, prägt sie das Miteinander in der Gemeinde – auch und gerade bei Konflikten.

Erlebst du das, was Paulus beschreibt, in deiner Gemeinde? Wenn nicht, woran könnte das liegen und was könntest du dazu beitragen, es zu verändern?

Das Kreuz, an dem Jesus starb, erinnert mich manchmal an Kintsugi, die japanische Kunstform, in der zerbrochenes Porzellan mit Gold repariert wird. Gott will unsere gebrochenen und verletzten Herzen durch seine Liebe heilen. Dabei repariert und ummantelt er jede einzelne Bruchstelle und jede einzelne Narbe mit seiner Liebe, seinem heilenden »Gold«. Wie die japanischen Kunstwerke sind wir danach sogar noch schöner als vorher – einzigartig und wundervoll berührt.

Die Gemeinde Gottes besteht aus vielen solcher zerbrochenen und wiederhergestellten Kunstwerke. Mit diesem Bild vor Augen können wir einander durch unsere Bruchstellen hindurchhelfen und gnädiger auf die Schwachstellen der anderen schauen.

JUNI

Schaue dir im Internet einmal Kintsugi-Vasen an. Verändert es etwas in dir, wenn du dich mit solch einer Vase vergleichst, deren Bruchstellen von Gott mit echtem Gold wieder zusammengesetzt wurden? Wie verändert sich dadurch dein Blick auf dich selbst und auf andere?

An welchen Stellen bist du in der Gemeinde gebrochen? Was hat dich wieder zusammengesetzt oder was würde dich wieder zusammensetzen?

Welchen Stellenwert haben deine Beziehungen innerhalb der Kirchengemeinde? Hast du deine Anwesenheit und dein Engagement in der Gemeinde zur Priorität gemacht oder hast du andere Dinge über dein Engagement in der Gemeinde gestellt?

Dienst du anderen in deiner Kirchengemeinde mit den Gaben und Talenten, die Gott dir gegeben hat? Hast du nach Möglichkeiten gesucht, deine einzigartigen Fähigkeiten einzusetzen, um die Kirchengemeinde aufzubauen und die Bedürfnisse anderer zu erfüllen?

Wie kannst du dich in deiner Kirchengemeinde um Versöhnung und Authentizität bemühen? Bist du bereit, verletzlich und ehrlich mit deinen Kämpfen und Schwächen umzugehen und nach Möglichkeiten zu suchen, dich mit anderen zu versöhnen, wenn Konflikte auftreten?

Beschreibe, wie die ideale Gemeinde für dich aussieht. Mit allen Details und allem, was dir wichtig ist.

Wenn du Lust hast, könntest du im Juni auch an einer kreativen Challenge teilnehmen: Dazu kannst du dir ein Kintsugi-Set kaufen und selbst einmal ausprobieren, Porzellan mit dieser kunstvollen Technik zu reparieren. Stelle dir dabei vor, wie liebevoll Gott mit deinen Verletzungen umgeht. Danach kannst du hier deine Erfahrungen und Gedanken notieren:

JUN

Jetzt gehe mit offenen Augen in deine Gemeinde und lebe im Juni bewusst in ihr. Entdecke all die Momente, die nicht perfekt sind, aber gefüllt mit Gottes Liebe. Notiere sie dir und vergleiche sie am Ende des Monats mit der idealen Version einer Gemeinde. Jetzt notiere in einem dritten Schritt alle Momente, Erlebnisse und Dinge, die gerade in ihrer Gebrochenheit und Echtheit ihren Wert haben, weil die Liebe und Gnade Gottes durch sie hindurchscheint. Schaue dir diese Notizen und dein Kintsugi-Kunstwerk (wenn du eins erstellt hast) immer wieder an, während du im Glauben wächst, damit sie verhindern, dass dein Herz für die Liebe und Gnade Gottes verhärtet.

Auch im Juni kann es wichtig sein, dass du dir eine zusätzliche Person für ein Mentorengespräch suchst. Vielleicht jemanden, der oder die schon lange in deiner Gemeinde aktiv ist und dir etwas über ihre Geschichte erzählen kann. Oder jemand, die oder der die Gruppe leitet, in der du aktiv bist. Ihr könntet euch über die Probleme und Herausforderungen des Gemeindelebens austauschen, aber vor allem auch über den Segen, der daraus entsteht.

Ereignis in der Bibel	Was passiert? Was lernen wir daraus?
Das erste Pfingsten (Apostelgeschichte 2,1-47)	Der Heilige Geist kommt auf die Apostel herab und befähigt sie dazu, das Evangelium zu verbreiten. Die Kirche entsteht als eine vereinte Gemeinschaft von Gläubigen, die sich zum Gottesdienst, zur Lehre und zur Gemeinschaft treffen. → *Diese Geschichte unterstreicht die Bedeutung der Kirche.*
Die erste christliche Gemeinde (Apostelgeschichte 4,32-37)	Die Gläubigen teilen ihre Besitztümer und sorgen dafür, dass die Bedürfnisse aller erfüllt werden. → *Hier wird die Rolle der Kirche bei der Unterstützung und Versorgung ihrer Mitglieder betont.*
Das Konzil von Jerusalem (Apostelgeschichte 15)	Die Leiter der Urgemeinde kommen in Jerusalem zusammen, um Lehrfragen zu diskutieren und zu klären. → *Diese Geschichte zeigt, wie wichtig es ist, dass die Kirche ein einheitliches Gremium ist, das zusammenarbeitet, um die Wahrheit des Evangeliums zu bewahren und zu verteidigen.*

Die Briefe an die sieben Gemeinden (Offenbarung 2–3)	In diesen Briefen geht Jesus auf die Stärken und Schwächen von sieben Gemeinden ein und betont die Bedeutung von Treue, Einheit und geistlichem Wachstum innerhalb der Kirchengemeinschaft.
	→ *Bei allen Stärken hat jede Gemeinde auch ihre blinden Flecken.*
Der Missionsbefehl (Matthäus 28,16-20)	Jesus befiehlt seinen Jüngern, zu gehen und alle Völker zu Jüngern zu machen, sie zu taufen und zu lehren.
	→ *Dieser Abschnitt unterstreicht die Bedeutung der Kirche als das Mittel, durch das das Evangelium verbreitet und Jüngerinnen und Jünger gemacht werden.*

Welche Erkenntnisse hast du durch diese Bibelstellen gewonnen?

RÜCKBLICK

Was hat sich im Juni in dir verändert? Was nimmst du aus diesem
Monat mit in den nächsten?

Liebe die Wahrheit

»Ihr werdet die Wahrheit erkennen, und die Wahrheit wird euch frei machen.«

Johannes 8,32

Ein wesentlicher Bestandteil eines Lebens in Liebe ist die Liebe zur Wahrheit. Die Wahrheit ist entscheidend für gesunde Beziehungen, sowohl zu Gott als auch zu anderen Menschen. In diesem Kapitel werden wir erkunden, was es bedeutet, die Wahrheit zu lieben, und wie sie unser Leben und das Leben der Menschen um uns herum verändern kann.

Im Gegensatz zu Zeiten der Bibel wird die Wahrheit heute oft als subjektiv oder relativ angesehen. Viele Menschen lehnen die Idee der objektiven Wahrheit ab und geben stattdessen ihren eigenen persönlichen Erfahrungen und Gefühlen den Vorrang. Als Christinnen und Christen glauben wir jedoch, dass es so etwas wie eine objektive Wahrheit gibt und dass sie für gesunde Beziehungen unerlässlich ist.

Warum aber ist das so? Wenn wir die Wahrheit verbergen oder in der Lüge leben, können wir einander nicht wirklich kennen und lieben.

Unsere Beziehungen stehen dann auf einem falschen Fundament und zerbröckeln schließlich. Echte Liebe ist nur möglich, wenn wir ehrlich und verletzlich sind. Außerdem ist die Wahrheit für unsere Beziehung zu Gott unerlässlich. Jesus sagt uns in Johannes 14,6, dass er »der Weg, die Wahrheit und das Leben« ist. Wenn wir Gott kennen und eine Beziehung zu ihm haben wollen, müssen wir die Wahrheit annehmen.

Wie wichtig ist dir Wahrheit? Wann hat eine Lüge dich zum letzten Mal richtig verletzt?

In Johannes 8,32 heißt es: »Ihr werdet die Wahrheit erkennen, und die Wahrheit wird euch frei machen.« In der Wahrheit zu leben bedeutet, uns selbst und anderen gegenüber ehrlich zu sein. Es bedeutet, sich der Realität unserer Situationen zu stellen, auch wenn es unangenehm oder schmerzhaft ist. Das kann schwierig sein, aber es lohnt sich, in der Wahrheit zu leben – denn in ihr liegt Freiheit.

Wenn wir in der Lüge leben oder versuchen, die Wahrheit zu verbergen, werden wir von unseren eigenen Lügen gefangen gehalten. Wir haben Angst, entdeckt zu werden, und dadurch das Gefühl, ein Doppelleben zu führen. Aber wenn wir die Wahrheit annehmen, werden wir von der Knechtschaft unserer eigenen Lügen befreit. Wir müssen nicht mehr in der Angst leben, entdeckt zu werden, und wir können ganz wir selbst sein. Das ist wahre Freiheit.

Hast du dich schon einmal in einer Lüge verstrickt und musstest immer mehr lügen, um das Konstrukt aufrechtzuerhalten? Wie erging es dir damit?

Ein Leben in der Wahrheit bringt auch Frieden. Wenn wir ehrlich zu uns selbst und zu anderen sind, müssen wir uns nicht mehr darum kümmern, den Schein zu wahren oder vorzugeben, jemand zu sein, der oder die wir nicht sind. Wir können authentisch und verletzlich sein und Beziehungen aufbauen, die auf einer Grundlage von Ehrlichkeit und Vertrauen beruhen. Das gilt nicht nur für unsere Beziehungen zu anderen, sondern auch für unsere Beziehung zu Gott. Wenn wir Gott gegenüber ehrlich in Bezug auf unsere Sünden und Unzulänglichkeiten sind, können wir den Frieden erfahren, der mit Vergebung und Versöhnung einhergeht. Wir müssen uns nicht mehr vor Gott verstecken oder so tun, als hätten wir alles im Griff. Stattdessen können wir so, wie wir sind, und mit all unseren Fehlern und Unvollkommenheiten zu Gott kommen.

Welche Sünde könntest du Gott anvertrauen, damit er dir Vergebung zusprechen und dich damit befreien kann?

Und damit sind wir bei der größten aller Wahrheiten angekommen: Gott liebt uns. Wenn diese Wahrheit völlig in unserem Herzen und unserem Verstand angekommen ist, kann sie unser Leben verändern. Endlich werden wir von der Angst befreit, nicht gut genug zu sein, von der Unsicherheit, ob wir akzeptiert werden, von der Verzweiflung, dass niemand uns liebt. Das alles ist dann vorbei, denn wir wissen jetzt, dass es jemanden gibt, der uns bedingungslos liebt. Diese Freiheit gibt uns die Möglichkeit, unser volles Potenzial auszuschöpfen, weil wir uns keine Gedanken mehr darüber machen müssen, was andere von uns denken. Wir können wir selbst sein, ohne uns zu verstecken oder zu verstellen. Jesus sagt dazu: »Und ich gebe mich ganz für sie hin, damit auch sie durch die Wahrheit ganz dir gehören« (Johannes 17,19).

DIE KRAFT DER BIBLISCHEN WAHRHEIT

Doch woher wissen wir, dass Gott uns liebt? In einer Welt, die von Informationen und endlosen Meinungen überschwemmt ist, war die Suche nach der Wahrheit noch nie so herausfordernd wie heute. Als Christinnen und Christen sind wir dazu aufgerufen, durch diese tückischen Gewässer zu navigieren und einen festen Anker inmitten der Stürme des Lebens zu suchen. Der Apostel Paulus bietet uns in seinem zweiten Brief an Timotheus genau diesen Anker, eine Rettungsleine, die uns in der Wahrheit, im Vertrauen und im persönlichen Wachstum festhält:

»Die ganze Schrift ist von Gottes Geist eingegeben und kann uns lehren, was wahr ist, und uns erkennen lassen, wo Schuld in unserem Leben ist. Sie weist uns zurecht und erzieht uns dazu, Gottes Willen zu tun. Durch die Schrift bereitet Gott uns umfassend vor und rüstet uns aus für alles, was wir nach seinem Willen tun sollen« (2. Timotheus 3,16-17).

In einer Ära voller »Fake News« und einer unzählbaren Menge an Stimmen, die um unsere Aufmerksamkeit ringen, ist es wichtiger denn je, die Wahrheit zu erkennen. Paulus erinnert Timotheus daran, dass die gesamte Heilige Schrift von Gott inspiriert ist und somit die ultimative Quelle der Wahrheit darstellt. Als Christinnen und Christen haben wir die Verantwortung, uns auf diese göttliche Weisheit zu stützen und sie in unser Verständnis von der Welt zu integrieren, um unser Handeln danach auszurichten.

Welche Herausforderungen siehst du bei dir persönlich, dich auf die Wahrheit Gottes zu konzentrieren? Wie kannst du dich an seinem Anker festhalten?

SICH IN DIE WAHRHEIT FALLEN LASSEN – IN GOTTES BEDINGUNGSLOSER LIEBE GEBORGEN

Die Liebe, die wir durch Gott und die Heilige Schrift erfahren, ist etwas ganz Besonderes und Einzigartiges. Sie ist wie ein Leuchtturm inmitten der Stürme unseres Lebens, ein Anker, der uns Halt und Orientierung bietet. Durch die Wahrheit und die Weisheit der Bibel erhalten wir einen kostbaren Kompass, der uns auf unserem Weg durchs Leben begleitet, uns dabei hilft, unseren Platz in der Welt zu finden, und uns ein tieferes Verständnis darüber vermittelt, wer wir sind und wer Gott für uns ist.

Wenn wir uns in dieser göttlichen Wahrheit fallen lassen, können wir ganz einfach sein, ohne Vorbehalte, ohne Masken. Wir können aufhören, uns ständig Sorgen zu machen, wer wir sein sollten oder wie wir uns verhalten sollten, um anderen zu gefallen. Stattdessen dürfen wir uns darauf verlassen, dass Gott unser Vater im Himmel ist und uns genau so liebt, wie wir sind, mit all unseren Stärken und Schwächen, unseren Erfolgen und Fehlern.

Die Bibel lehrt uns, dass die Liebe Gottes bedingungslos und unermesslich ist. Es spielt keine Rolle, wer wir sind, woher wir kommen oder was wir in unserem Leben getan oder nicht getan haben – Gottes Liebe zu uns bleibt beständig und unverändert. Das gibt uns die wunderbare Freiheit, ganz wir selbst zu sein und uns voll und ganz auf unsere persönliche Beziehung zu Gott zu konzentrieren, anstatt uns mit Vergleichen und Erwartungen anderer Menschen abzumühen. Wir entdecken so die Wahrheit über uns selbst.

Indem wir uns in die Wahrheit Gottes fallen lassen, eröffnet sich uns ein Raum der Geborgenheit und der inneren Ruhe. In diesem Raum dürfen wir uns von der bedingungslosen Liebe Gottes umfangen und stärken lassen, um gestärkt und ermutigt unseren Weg zu gehen. Durch die tiefe Erkenntnis dieser göttlichen Liebe können wir uns von der Last unserer Ängste und Sorgen befreien und mit einem vertrauensvollen Herzen und einem offenen Geist voranschreiten, wissend, dass wir in Gottes liebevollen Händen geborgen sind.

 ## CHALLENGE DES MONATS

In welchen Bereichen deines Lebens vermeidest du die Wahrheit? Wie kannst du dich in dieses Unbehagen hineinbegeben und die Wahrheit in diesen Bereichen annehmen?

Gibt es in deinem Leben Echokammern, in denen du immer wieder in deiner Meinung bestätigt wirst, oder Quellen der Voreingenommenheit, die deine Sichtweise und dein Verständnis der Welt einschränken? Wie kannst du aktiv nach anderen Standpunkten und Perspektiven suchen?

Welche praktischen Schritte kannst du unternehmen, um Ehrlichkeit und Wahrheit in deinem täglichen Leben Priorität einzuräumen, sowohl in deinen Beziehungen zu anderen als auch in deiner Beziehung zu Gott? Welche Herausforderungen können auftreten und wie kannst du sie meistern?

Nimm dir einen Stapel Karteikarten und notiere von jetzt an die Verse in der Bibel, die dir zeigen, dass Gottes Wort wahr ist. Du kannst diese Karten dann in deiner Tasche oder auf deinem Schreibtisch platzieren, um immer wieder daran erinnert zu werden, dass du ihm vertrauen kannst. Wieder ist es wichtig, dass du dir nicht nur ein Ziel setzt, sondern auch Verantwortung und Unterstützung suchst. Stelle deinem Mentor oder deiner Mentorin Fragen danach, wie die Suche nach Wahrheit das Leben bereichert und wie er oder sie in der Vergangenheit mit Herausforderungen umgegangen ist.

Ereignis in der Bibel	Was passiert? Was lernen wir daraus?
Ananias und Saphira (Apostelgeschichte 5,1-11)	Ananias und Saphira verkaufen ein Grundstück und belügen die Apostel über den Betrag, den sie erhalten haben. Die Folge ist, dass beide sterben müssen. → *Diese Geschichte unterstreicht die Ernsthaftigkeit von Betrug und die Notwendigkeit von Wahrhaftigkeit innerhalb der christlichen Gemeinschaft.*
Daniel (Daniel 1–6)	Daniel ist für seine Integrität und Treue zu Gott bekannt. Als andere sich gegen ihn verschwören, bleibt Daniel ehrlich und treu, selbst im Angesicht des möglichen Todes. → *Gott beschützt und erhöht Daniel und zeigt damit, wie wichtig Wahrheit und Treue sind.*
Nathan stellt König David zur Rede (2. Samuel 12)	Nachdem König David Ehebruch begangen und den Tod von Uria arrangiert hat, konfrontiert ihn der Prophet Nathan mit der Wahrheit über sein Handeln. Davids Reue und die Annahme der Wahrheit führen zu seiner Wiederherstellung. → *Die Begebenheit unterstreicht die Notwendigkeit von Ehrlichkeit und Konfrontation mit Fehlverhalten.*

Jesus und die samaritanische Frau (Johannes 4)

Jesus unterhält sich mit einer samaritanischen Frau an einem Brunnen, offenbart ihr die Wahrheit über ihr Leben und bietet ihr lebendiges Wasser an.

→ *Diese Geschichte zeigt die Macht der Wahrheit, die Barrieren niederreißt und Heilung und Hoffnung bringt.*

Welche Erkenntnisse hast du durch diese Bibelstellen gewonnen?

RÜCKBLICK

Was hat sich im Juli in dir verändert? Was nimmst du aus diesem Monat mit in den nächsten?

Liebe die Schönheit

 »Die Sonne hat einen anderen Glanz als der Mond und die Sterne, denn jeder Stern unterscheidet sich in Schönheit und Helligkeit von den anderen.«

1. Korinther 15,41

Ich liebe es, in der Natur unterwegs zu sein. Die Ruhe, die ich dort erlebe, ist mit nichts zu vergleichen. Manchmal fühle ich mich Gott am Meer auch näher als anderswo. Vielleicht ist es die gefühlt unendliche Weite, in die ich starre, wenn ich die Wellen beobachte. Im August können wir das nun gemeinsam machen – zumindest in Gedanken.

Auf unserer Reise durch das Leben sind wir ständig von Schönheit in all ihren Formen umgeben. Von den unendlichen Weiten des Nachthimmels bis hin zu den filigranen Details eines Blumenblatts – Gottes Schöpfung ist ein Zeugnis seiner Macht, Kreativität und Liebe. Die Natur ist wahrscheinlich das offensichtlichste Beispiel für Gottes Schöpfung. Berge, Meere, Wälder und Wüsten sind alle auf ihre Weise atemberaubend und erinnern uns an die Majestät und Macht des Gottes, der sie geschaffen hat. In Psalm 19,1-4 ist die Rede davon, dass die Himmel die Herrlichkeit Gottes und das Werk seiner Hände verkünden. Diese Passage erinnert uns daran, dass selbst die Sterne am Himmel einen Zweck und eine Botschaft haben, die wir hören sollen. Wenn wir uns die Zeit nehmen, die Schönheit der Natur zu genießen, werden wir an Gottes Liebe zu uns und seinen Wunsch erinnert, sich uns auf greifbare Weise zu offenbaren.

An welchen Orten wurdest du schon von Schönheit überrascht? Was hast du dabei empfunden? Hast du Gottes Nähe dort besonders gespürt?

Die Kunst und die Musik sind weitere Möglichkeiten, sich der Schönheit von Gottes Schöpfung bewusst zu werden. Ob ein Gemälde, eine Skulptur oder ein Musikstück – Kunst hat die Fähigkeit, Emotionen hervorzurufen und unsere Herzen zu bewegen. Die ausgeklügelten Details eines Gemäldes oder die präzise Sprache eines Gedichts können die Schönheit von Gottes Schöpfung auf eine Art und Weise offenbaren, die uns sonst vielleicht nicht aufgefallen wäre. Wenn wir die Arbeit von Künstlerinnen und Künstlern bewundern, können wir Einblicke in Gottes Charakter und Kreativität gewinnen.

Durch die Beschäftigung mit der Schönheit von Gottes Schöpfung öffnen wir uns auch für eine tiefere Liebe zu Gott und für ein größeres Gefühl der Dankbarkeit. Der glühende Sonnenuntergang am Meer, das virtuose Musikstück in einem Konzert, die feinen Schnurrhaare einer Katze – all das lässt uns an unseren Schöpfer denken und unsere Beziehung zu ihm vertiefen.

Nimmst du dir im Alltag die Zeit, die Schönheit in Gottes Schöpfung zu sehen? Was fällt dir dabei besonders ein?

Idealerweise laufen wir mit offenen Augen und der Bereitschaft zum Staunen und Wundern durch die Welt, denn so erfahren wir Schönheit am ehesten und werden von ihr berührt. Es gibt immer mehr Forschungsergebnisse[1], die darauf hindeuten, dass die Wertschätzung von Schönheit zu mehr Glück, Kreativität und Empathie führen kann.[2] Es kann außerdem eine tiefgreifende Wirkung auf unsere Gefühle und unsere Fähigkeit haben, mit anderen in Kontakt zu treten. Wenn wir neuen und schönen Reizen ausgesetzt sind, kann uns das inspirieren, über den Tellerrand zu schauen und neue Ideen zu entwickeln.

Auf den ersten Blick führt die Betrachtung von Schönheit also zu Kreativität. Auf den zweiten Blick spielt jedoch ein weiterer Punkt eine Rolle: Die Wertschätzung der Schönheit kann zu einer größeren Achtung der Vielfalt und zu einem tieferen Gefühl der Einheit mit den Menschen um uns herum führen. Wenn wir der Schönheit begegnen, hat sie demnach die Fähigkeit, kulturelle und soziale Grenzen zu überwinden und Menschen in einer gemeinsamen Erfahrung zusammenzubringen. Wir entwickeln mehr Verständnis und Empathie für andere Kulturen, Traditionen und Perspektiven – umso wertvoller in einer Welt, die oft gespalten und polarisiert wird. So wird der rote Faden sichtbar, der sich durch die gesamte Menschheit zieht – unsere gemeinsame Erfahrung der Welt, in der wir leben.

Wann und wie hast du erlebt, wie Schönheit oder Kunst dich mit anderen Menschen verbunden hat?

CHALLENGE DES MONATS

Inwieweit tragen das Streben und die Wertschätzung von Schönheit und Schöpfung in deinem Leben zu deinem allgemeinen Wohlbefinden und Glück bei?

Wie kannst du dein Streben nach Schönheit und Schöpfung mit anderen wichtigen Aspekten deines Lebens in Einklang bringen, z.B. mit Beziehungen, Karriere und persönlichem Wachstum?

Auf welche Weise kannst du die Wertschätzung von Schönheit und Schöpfung als Mittel zur Selbstreflexion und -beobachtung nutzen, um dich selbst und deinen Platz in der Welt besser zu verstehen?

Im August besteht die Herausforderung darin, deine Wertschätzung für Schönheit und Schöpfung in deinem Alltag zu vertiefen. Es gibt viele praktische Schritte, die du dazu unternehmen kannst. Du könntest z. B.:

- in der Natur spazieren gehen und auf die Sehenswürdigkeiten, Geräusche und Gerüche um dich herum achten
- eine neue Musikrichtung anhören, die du noch nie zuvor gehört hast, und dich auf die Schönheit der Melodien und Texte konzentrieren
- Malen, Töpfern oder Schreiben und dich in der Kunst versuchen

Was auch immer du ausprobierst: Genieße, dass Schönheit und Kreativität zweckfrei sein dürfen. In der Schönheit und Kreativität darfst du einfach sein und experimentieren.

Auch in diesem Monat kann es wichtig sein, dass du dir jemanden für ein Mentorengespräch suchst. Vielleicht findest du in deiner Gemeinde jemanden, der oder die künstlerisch arbeitet und dir so einen neuen Zugang zu einer Kunstrichtung geben kann. Oder vielleicht ist dies auch der richtige Moment für ein Gespräch über Gottes Schöpfung, das ihr bei einem Spaziergang durch die Natur führt.

Ereignis in der Bibel	Was passiert? Was lernen wir daraus?
Hiobs Rede über die Schöpfung (Hiob 38-39)	Gott spricht zu Hiob über die Wunder und die Schönheit der Schöpfung, darunter die Fundamente der Erde, die Meere, die Sterne und die verschiedenen Tiere. → *Diese Rede unterstreicht die komplizierte und ehrfurchtgebietende Natur von Gottes Schöpfung.*
Psalm 104	Dieser Psalm ist ein Lobgesang auf Gott für die Schönheit der Schöpfung. Er beschreibt die Majestät und Komplexität der natürlichen Welt, von der Sonne und dem Mond bis hin zu den Vögeln der Lüfte und den Fischen des Meeres. → *Der Psalm betont die Verbundenheit und gegenseitige Abhängigkeit aller Lebewesen.*
Psalm 19,1-6	Der Psalmist erklärt, dass »die Himmel die Herrlichkeit Gottes verkünden und der Himmel das Werk seiner Hände«, und betont die Großartigkeit von Gottes Schöpfung, die sich in der Schönheit des Universums zeigt. → *Dieser Abschnitt spricht von der Schönheit der Schöpfung als Zeugnis von Gottes Herrlichkeit.*

Welche Erkenntnisse hast du durch diese Bibelstellen gewonnen?

RÜCKBLICK

Was hat sich im August in dir verändert? Was nimmst du aus diesem Monat mit in den nächsten?

Liebe die Einfachheit

»Nicht, dass ich etwas gebraucht hätte! Ich habe gelernt, mit dem zufrieden zu sein, was ich habe. Ob ich nun wenig oder viel habe, ich habe gelernt, mit jeder Situation fertigzuwerden: Ich kann einen vollen oder einen leeren Magen haben, Überfluss erleben oder Mangel leiden. Denn alles ist mir möglich durch Christus, der mir die Kraft gibt, die ich brauche.«

Philipper 4,11–13

Okay, und jetzt müssen wir alle ins Kloster? Warte ab. Dieser Monat wird spannend. Aber mal ehrlich: Könntest du dir vorstellen, in einem Kloster zu leben?

Viele Menschen wünschen sich ein einfacheres Leben. Weniger Termine, weniger Verpflichtungen, mehr Zeit für das Wesentliche. Als Christinnen und Christen finden wir dazu einen spannenden Satz in der Bergpredigt. In Matthäus 6,33 sagt Jesus: »Macht das Reich Got-

tes zu eurem wichtigsten Anliegen, lebt in Gottes Gerechtigkeit, und er wird euch all das geben, was ihr braucht.« Wir sollen uns also in erster Linie auf Gott und seinen Willen konzentrieren und nicht auf materielle Besitztümer oder weltlichen Erfolg. Wenn wir Gottes Reich und seine Gerechtigkeit suchen, können wir wahre Erfüllung und Freude im Leben finden.

Was denkst du, was es für dich in deiner jetzigen Situation bedeuten könnte, »Gottes Reich und seine Gerechtigkeit« zu suchen?

Die Bibel ist voll von Beispielen dafür, wie ein Leben in Liebe und Einfachheit großen Segen bringen kann. In Sprüche 15,16 heißt es: »Es ist besser, wenig zu haben und den Herrn zu achten, als einen Schatz zu besitzen und voller Sorge zu sein.« Jeder, der schon einmal sehr viel besessen hat, weiß, dass es nicht nur Vorteile bringt. Viel Besitz bringt auch viele Sorgen mit sich. Paulus sagt von sich in der Stelle aus dem Philipperbrief, dass er sowohl Armut als auch Reichtum kennt. Und er kann mit beidem umgehen, da er sich komplett auf Gott fokussiert und ihm vertraut.

Man könnte noch mehr Verse aus der Bibel anführen. Aber deutlich wird schon hier: Je komplizierter und voller das Leben wird, desto mehr wird das Wesentliche in den Hintergrund gedrängt. Ablenkungen sind bei uns allen allgegenwärtig, sodass es von größter Bedeutung ist, sich auf die Liebe Gottes zu besinnen, die uns begleitet und auffängt, wenn wir straucheln.

Die Liebe Gottes kann ein ständiger Leitstern in unserem Leben sein, der uns daran erinnert, dass wir nicht allein sind und dass wir in all dem Trubel und der Beschäftigung immer einen Zufluchtsort haben. In den kompliziertesten Momenten des Lebens bietet uns diese bedingungslose Liebe einen sicheren Hafen, in dem wir uns erholen und neue Kraft schöpfen können. Um diese Liebe Gottes zu spüren und sie in unserem Alltag zu erleben, müssen wir sie aber zulassen. Denn das ist das Wesen der Liebe Gottes. Sie überfährt uns nicht einfach. Sie quetscht sich nicht von allein in unseren überfüllten Terminkalender. Die Liebe Gottes ist ein Ort der Ruhe, den wir entdecken müssen.

An welchen Orten hast du schon überall nach Ruhe gesucht? Was hat dir geholfen? Was wurde am Ende einfach zu einer neuen Beschäftigung, die deinen Kalender noch mehr gefüllt hat?

DAS EINFACHE KÖNIGREICH SUCHEN

Wie gehen wir also mit der Suche nach Einfachheit in einer immer schneller werdenden Welt um? Ich glaube, dass wir in den Worten Jesu in Matthäus 6,33 eine kraftvolle und verändernde Botschaft finden: »Macht das Reich Gottes zu eurem wichtigsten Anliegen, lebt in Gottes Gerechtigkeit, und er wird euch all das geben, was ihr braucht.« Die Einfachheit, das Vertrauen und die Agape-Liebe, die in diesem Vers zum Ausdruck kommen, sind eine Richtschnur für unsere geistliche Reise und inspirieren uns, uns von den Fesseln des Materialismus und der Selbstbezogenheit zu befreien. Stattdessen können wir ein Leben annehmen, das in Gottes Liebe verwurzelt ist.

Der Aufruf zur Einfachheit in Matthäus 6,33 ist eine radikale Aufforderung, unsere Prioritäten neu zu ordnen und das Streben nach dem Reich Gottes über alles zu stellen. Anstatt sich von der endlosen Jagd nach materiellem Besitz, Status und Leistung auffressen zu lassen, lädt Jesus uns ein, aus dem sprichwörtlichen Hamsterrad auszusteigen und die Schönheit eines einfachen, überschaubaren Lebens wiederzuentdecken.

Was empfindest du bei dem Gedanken, aus dem Hamsterrad auszusteigen? Wäre das für dich möglich?

Bei dieser Einfachheit geht es nicht darum, in Armut zu leben oder alle materiellen Besitztümer abzulehnen; es geht darum, zu erkennen, dass wahres Glück und Erfüllung aus einer tiefen, beständigen Beziehung zu unserem Schöpfer kommen. Wenn wir zuerst nach dem Reich Gottes trachten, befreien wir uns von den Ablenkungen und Ängsten, die uns so oft belasten und unser geistliches Wachstum behindern.

AUF GOTT VERTRAUEN

Neben der Einfachheit fordert uns Matthäus 6,33 auch auf, Gott zu vertrauen. Jesus versichert uns, dass alle unsere Bedürfnisse befriedigt werden, wenn wir unsere Beziehung zu ihm in den Vordergrund stellen und nach seinem Reich streben. Dieses Vertrauen erfordert jedoch, dass wir die Kontrolle abgeben und unser Leben der liebevollen Führung Gottes überlassen.

Gott zu vertrauen bedeutet nicht, dass wir passiv oder gleichgültig gegenüber den Herausforderungen des Lebens werden. Vielmehr befähigt es uns, diesen Herausforderungen mit Mut und Weisheit zu begegnen, weil wir wissen, dass Gott immer bei uns ist, unsere Schritte lenkt und für unsere Bedürfnisse sorgt. Wenn wir in unserem Vertrauen auf Gott wachsen, erfahren wir die Freiheit und den Frieden, die daraus entstehen, dass wir unser Leben in die Hände unseres Schöpfers legen.

AGAPE-LIEBE LEBEN

Das Herzstück von Matthäus 6,33 – du ahnst es vielleicht – ist die Agape-Liebe. Agape ist die selbstlose, aufopferungsvolle Liebe, die Gott für jeden von uns empfindet und zu der wir wiederum aufgerufen sind, sie anderen entgegenzubringen. Diese Liebe verändert uns und befähigt uns, uns selbst und andere mit den Augen Gottes zu sehen und so zu leben, dass wir sein Reich auf Erden widerspiegeln. Wenn wir zuerst nach dem Reich Gottes trachten, sind wir eingeladen, die Agape-Liebe in jedem Aspekt unseres Lebens zu verkörpern. Diese Liebe zwingt uns förmlich dazu, uns um die Armen und Ausgegrenzten zu kümmern, für Gerechtigkeit und Gleichberechtigung zu kämpfen und denen, die uns Unrecht getan haben, Gnade und Vergebung zu gewähren. Je mehr wir die Agape-Liebe verstehen und praktizieren, desto ähnlicher werden wir Christus und desto mehr sind wir im Einklang mit dem Herzen Gottes.

Auf unserem Weg durch das Leben erinnern uns die Worte Jesu in Matthäus 6,33 immer wieder daran, wie wichtig Einfachheit, Gottvertrauen und Agape-Liebe sind. Wenn wir zuerst nach dem Reich Gottes und seiner Gerechtigkeit trachten, wird unser Leben durch die Kraft seiner Liebe verwandelt und wir werden zu einem lebendigen Zeugnis der Schönheit und Hoffnung in einem Leben, das auf Gottes Reich ausgerichtet ist.

Die alles verändernde Kraft dieser Liebe kann nicht hoch genug eingeschätzt werden. Wenn wir uns auf die Liebe konzentrieren, sind wir in der Lage, die Dinge loszulassen, die nicht wirklich wichtig sind, und Freude an den einfachen, aber echten Genüssen des Lebens zu finden. Wir sind in der Lage, unsere Beziehungen zu Gott und anderen Menschen in den Vordergrund zu stellen und wahre Erfüllung und Freude zu finden.

An welchen Besitztümern oder materiellen Dingen hältst du fest, die dich daran hindern, deine Beziehungen zu Gott und anderen Menschen in den Vordergrund zu stellen?

Wie kannst du dein Leben auf praktische Weise vereinfachen, um ein Leben der Liebe und Einfachheit besser widerzuspiegeln?

Wie kannst du bewusst etwas an deine Gemeinschaft zurückgeben und Bedürftigen dienen, sowohl lokal als auch global?

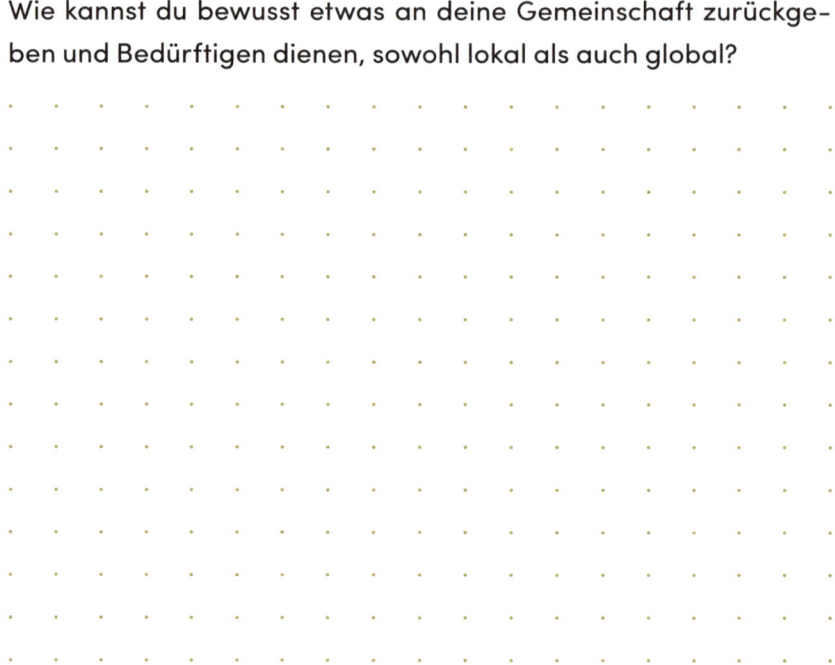

Ein Leben in Liebe und Einfachheit zu führen, ist eine Reise, die Willen und Engagement erfordert. Es ist eine Herausforderung, der wir uns stellen müssen, wenn wir wahre Erfüllung und Freude erfahren wollen. Vielleicht solltest du im September Pausen von Dingen machen, die dein Leben am Ende eigentlich nur komplizierter machen. Hier sind einige Beispiele, die du ausprobieren kannst: Mach eine Pause von den sozialen Medien und verbringe Zeit in der Natur. Übe dich darin, anderen zu geben und den Bedürftigen zu dienen. Gib einen Monat lang kein Geld aus (außer für die lebensnotwendigen Dinge). Mache dir einen Monat lang keine Gedanken über deine Kleidung und stelle dir eine »Uniform« (einfache Hose, einfaches Oberteil) zusammen, die du jeden Tag trägst.

SEPTEMBER

Ereignis in der Bibel	Was passiert? Was lernen wir daraus?
Jesus und die Kinder (Matthäus 19,13-15)	Jesus begrüßt die Kinder, die zu ihm kommen, und betont, wie wichtig es ist, einen einfachen, kindlichen Glauben zu haben. → *Jesus verdeutlicht, dass wir uns Gott in Demut und Einfachheit und ohne die Last von Komplexitäten und weltlichen Sorgen nähern sollten.*
Gleichnis vom reichen Jüngling (Lukas 12,16-21)	In diesem Gleichnis konzentriert sich ein reicher Mann darauf, größere Scheunen zu bauen, um seine Güter zu lagern, anstatt bei Gott reich zu sein. → *Jesus erinnert uns mit diesem Gleichnis daran, dass es im Leben nicht darum geht, Besitztümer anzuhäufen, sondern in der Einfachheit der Beziehung zu Gott Zufriedenheit zu finden.*
Bergpredigt (Matthäus 5–7)	In seiner Predigt lehrt Jesus, wie wichtig Einfachheit in verschiedenen Lebensbereichen ist, wie z. B. Beten, Fasten und sich nicht um materielle Bedürfnisse zu kümmern. → *Jesus ermutigt uns als seine Jüngerinnen und Jünger, sich auf das Reich Gottes zu konzentrieren und darauf zu vertrauen, dass er für uns sorgt.*

141

Jesus wäscht den
Jüngern die Füße
(Johannes 13,1-17)

Jesus, der Anführer und Lehrer seiner Jünger, macht sich selbst klein und wäscht ihnen die Füße, um ihnen zu zeigen, wie wichtig Einfachheit und Demut im Dienst an anderen sind.

→ *Durch die Fußwaschung zeigt Jesus, dass wir Größe erlangen, wenn wir anderen mit einem demütigen Herzen dienen, und nicht, wenn wir nach Macht oder Status streben.*

Welche Erkenntnisse hast du durch diese Bibelstellen gewonnen?

RÜCKBLICK

Was hat sich im September in dir verändert? Was nimmst du aus diesem Monat mit in den nächsten?

Liebe deine Feinde

»Liebt eure Feinde! Betet für die, die euch verfolgen!«

Matthäus 5,44

Die Aufforderung, die eigenen Feinde zu lieben, ist eine der schwierigsten Lehren Jesu. Es widerspricht unserem natürlichen Instinkt, mit Liebe auf Verletzung oder Unrecht zu reagieren. Jesus lädt uns aber – wie so oft im Leben – zu mehr ein. Er lädt uns ein, über das Normale in unserer Welt hinauszublicken und anders zu reagieren – weil er anders regiert hat. Die bekannteste Bibelstelle, die uns auffordert, unsere Feinde zu lieben, findet sich in Matthäus: »Ich aber sage: Liebt eure Feinde! Betet für die, die euch verfolgen!« Diese Aussage ist Teil der Bergpredigt Jesu, in der er eine radikale Vision davon entwirft, was es bedeutet, ihm nachzufolgen. Jesus fordert uns auf, über den rein äußerlichen Gehorsam hinauszugehen und ein Herz voller Liebe zu kultivieren, auch für diejenigen, die uns Unrecht getan haben. Ich bin mir sicher: Das hat schon damals einige Emotionen ausgelöst. Manche waren vielleicht verwirrt, andere waren sich nicht sicher, ob sie Jesus richtig verstanden hatten. Aber Jesus wusste, was er da tat und sagte.

Welche Emotionen löst die Aufforderung Jesu in dir aus?

Wenn wir an Wut und Groll gegenüber jemandem festhalten, der uns Unrecht getan hat, kann uns das selbst auffressen. Wir grübeln dann ständig über die Vergangenheit nach, wiederholen verletzende Ereignisse in unserem Kopf und fühlen uns von negativen Emotionen belastet. Wenn wir uns hingegen dafür entscheiden, unseren Feinden zu vergeben und sie zu lieben, können wir ein Gefühl der Freiheit und des Loslassens erleben. Indem wir unsere Wut und unseren Groll loslassen, schaffen wir Raum für positivere Gefühle wie Liebe, Mitgefühl und Freude. Diese Veränderung unseres Gefühlszustands kann sich auch auf unsere Beziehungen zu anderen auswirken, da wir geduldiger, verständnisvoller und einfühlsamer werden.

Jesus selbst ist am Kreuz einen Weg der Feindesliebe gegangen. Er hat sich selbst hingegeben für die, die durch ihre Sünde zu den Feinden Gottes geworden waren. Niemand von uns kommt aus eigener Kraft vor Gott zu einem guten Stand. Vielleicht ist das für dich ein hartes Wort. Aber es sollte vor allem ein befreiendes Wort sein.

Die Liebe Jesu erfüllt mein Herz mit einer Wärme und Tiefe, die ich kaum in Worte fassen kann. Diese allumfassende Liebe, die mich auf eine Weise umarmt, wie es keine menschliche Zuneigung je könnte, trägt mich durch die Stürme des Lebens und lässt mich niemals allein. Umso unglaublicher wird es, wenn ich merke, dass ich mir diese Liebe gar nicht verdienen kann. Jesus schenkt sie mir unverdient. Weil ich eigentlich auf der Seite seiner Feinde stehen müsste.

In Römer 3,10 drückt Paulus es so aus: »Keiner ist gerecht – nicht ein Einziger« – kurz, knapp und jedes andere Argument beendend. Und genau das durchbricht Jesus. Für dich und mich. Er kommt zu uns, weil wir nicht von allein zu ihm kommen können. Er lädt uns nicht nur ein, er läuft uns nach, um uns nach Hause zu holen. Für mich ist das der Kern meines Lebens. Ich bin geliebt. Ich darf sein.

Wann wurde dir zum letzten Mal gesagt, dass du geliebt wirst?

Aber wie können wir denn nun unsere Feinde lieben? Was kannst du ganz praktisch tun, um etwas von der Liebe, mit der du geliebt wirst, weiterzugeben?

Für die Feinde beten.

Eine der wirkungsvollsten Möglichkeiten, unsere Feinde zu lieben, ist das Gebet für sie. Indem wir für unsere Feinde beten, zeigen wir unsere Bereitschaft, sie als menschliche Wesen zu sehen und ihren Wert und ihre Würde anzuerkennen. Es schafft auch Raum für das Wachsen von Mitgefühl und Empathie in uns, was dazu beitragen kann, die Mauern der Trennung und des Hasses niederzureißen.

Hast du schon einmal für jemanden gebetet, der dir feindlich gesinnt war?

Gütig über die Feinde sprechen.

Eine weitere praktische Möglichkeit der Feindesliebe besteht darin, freundlich über sie zu sprechen. In Lukas 6,27-28 sagt Jesus: »Liebt eure Feinde. Tut denen Gutes, die euch hassen. Betet für das Glück derer, die euch verfluchen. Betet für die, die euch verletzen.« Wenn wir freundlich über unsere Feinde sprechen, können wir ihnen gegenüber Liebe und Mitgefühl zeigen, selbst wenn wir mit ihren Ansichten oder Handlungen nicht einverstanden sind.

Wie viel Überwindung kostet es dich, bei der Lästerrunde der Kolleginnen und Kollegen nicht mitzumachen?

OKTOBER

Den Feinden etwas Gutes tun.

Schließlich können wir unsere Feinde lieben, indem wir ihnen Gutes tun. In Römer 12,20-21 sagt Paulus: »Handelt stattdessen so, wie es in der Schrift heißt: ›Wenn dein Feind hungrig ist, gib ihm zu essen. Wenn er durstig ist, gib ihm zu trinken, und er wird beschämt darüber sein, was er dir angetan hat.‹ Lass dich nicht vom Bösen überwinden, sondern überwinde das Böse durch das Gute!« Unseren Feinden Gutes zu tun, kann ein wirksames Mittel sein, um zwischenmenschliche Gräben zu überwinden und Verständnis und Versöhnung zu fördern.

Ist es für dich zeitgemäß, Böses mit Gutem zu überwinden?

Gibt es in deinem Leben einen Menschen, den du als deinen Feind bezeichnen würdest? Wie geht es dir mit dem Gedanken daran, für ihn oder sie zu beten, gut über ihn oder sie zu sprechen und ihm oder ihr etwas Gutes zu tun? Würde das etwas an der Situation verändern?

CHALLENGE DES MONATS

Wen betrachte ich als meinen Feind und was ist die Quelle dieser Feindseligkeit?

Auf welche Weise habe ich zum Kreislauf des Hasses und der Spaltung beigetragen und wie kann ich daran arbeiten, diesen Kreislauf zu durchbrechen?

Wie kann ich ein Herz voller Agape-Liebe kultivieren und diese Liebe denen gegenüber zeigen, die anders sind als ich?

Wie wir gesehen haben, ist die Liebe zu unseren Feinden zuerst ein wenig fremd, dann aber immer deutlicher etwas, das wir selbst von Jesus erfahren haben. Um das Gelernte in die Praxis umzusetzen, könntest du dir im Oktober eine Person aussuchen, die dir gegenüber feindselig eingestellt ist, und ihr ganz bewusst Liebe zeigen. Das könnte bedeuten, dass du für sie betest, freundlich über sie sprichst oder ihr Gutes tust. Es könnte auch bedeuten, dass du der Person einfach mit offenem Herzen zuhörst und versuchst, ihre Perspektive zu verstehen. Wie auch immer es aussieht, wichtig ist, dass du der Person mit Liebe, Mitgefühl und dem Wunsch nach Heilung und Versöhnung begegnest.

Ich möchte dich ermutigen, während dieser Herausforderung deine Gedanken und Erfahrungen aufzuschreiben, die du auf deinem Weg machst. Was sind die Herausforderungen und Freuden, denen du begegnest? Welche Lektionen lernst du über dich und andere? Welche Veränderungen siehst du bei dir selbst und in deiner Beziehung zu dieser Person?

Denke daran, dass es nicht immer einfach ist, unsere Feinde zu lieben, aber es ist wichtig für die persönliche und gesellschaftliche Veränderung. Wenn du dich dieser Herausforderung stellst, lass dich vom Beispiel Jesu und von der verändernden Kraft der Agape-Liebe leiten.

Ereignis in der Bibel	Was passiert? Was lernen wir daraus?
Stephanus verzeiht seinen Verfolgern (Apostelgeschichte 7,54-60)	Als Stephanus wegen seines Glaubens gesteinigt wird, bittet er Gott um Vergebung für seine Verfolger. → *Stephanus zeigt hier wohl die größte Form der Feindesliebe: Obwohl er von ihnen sogar getötet wird, betet er vorher für sie und vergibt ihnen ihre Tat.*
David verschont das Leben von Saul (1. Samuel 24 und 26)	Obwohl er von König Saul verfolgt wird, entscheidet sich David dafür, sein Leben zu verschonen, als er die Gelegenheit hat, ihn zu töten. → *David zeigt Barmherzigkeit und Liebe gegenüber seinem Feind.*
Jesus vergibt denen, die ihn kreuzigen (Lukas 23,32-34)	Als Jesus gekreuzigt wird, betet er für seine Henker und fleht: »Vater, vergib diesen Menschen, denn sie wissen nicht, was sie tun.« → *Dieser Moment zeigt die unglaubliche Liebe Jesu selbst denen gegenüber, die ihm unermessliches Leid zufügen.*

Die Bekehrung des Saulus/ Paulus (Apostelgeschichte 9,1-22)

Saulus, ein erbitterter Christenverfolger, hat eine verwandelnde Begegnung mit Jesus und wird zu seinem treuen Nachfolger. Danach bekommt er sogar seinen neuen Namen Paulus.

→ *Hier sehen wir Gottes Liebe und Vergebung selbst für seine härtesten Feinde des Glaubens.*

Welche Erkenntnisse hast du durch diese Bibelstellen gewonnen?

 RÜCKBLICK

Was hat sich im Oktober in dir verändert? Was nimmst du aus diesem Monat mit in den nächsten?

Liebe das Unbekannte

»Was ist nun also der Glaube? Er ist das Vertrauen darauf, dass das, was wir hoffen, sich erfüllen wird, und die Überzeugung, dass das, was man nicht sieht, existiert.«

Hebräer 11,1

DIE LIEBE ZUM UNBEKANNTEN: EIN VERSUCH DER ANNÄHERUNG

In den unendlichen Weiten unserer Vorstellungskraft liegt eine Welt voller Möglichkeiten verborgen, die nur darauf wartet, entdeckt zu werden. Die Liebe zum Unbekannten ist eine stille Sehnsucht, die in jedem von uns schlummert und uns dazu antreibt, immer wieder neue Horizonte zu erforschen. Es ist die Faszination für das Mysterium des Lebens, das uns umgibt und in uns wohnt.

Der obige Vers aus dem Hebräerbrief bringt diese Liebe zum Unbekannten auf wundervolle Weise zum Ausdruck. In der Welt des Glaubens finden wir die Kraft, uns auf das Ungewisse einzulassen und den Schleier des Unbekannten zu lüften. Wir schöpfen Hoffnung aus der tiefen Überzeugung, dass es mehr gibt, als das, was unsere Sinne wahrnehmen können.

Die Liebe zum Unbekannten ist ein ständiges Streben nach Wissen, ein unermüdliches Suchen nach Antworten auf die Fragen, die uns bewegen. Sie ist der Motor unserer Neugier, die uns dazu bringt, die Welt mit offenen Augen und offenem Herzen zu betrachten. In ihr finden wir die Bereitschaft, das scheinbar Unmögliche zu wagen und uns den Herausforderungen des Lebens zu stellen. Doch die Liebe zum Unbekannten ist auch ein Akt der Demut, denn sie lehrt uns, unsere eigenen Grenzen zu akzeptieren und das Unbekannte als Teil unserer menschlichen Existenz anzuerkennen. Sie ist ein Zeichen unserer Verbundenheit mit der Schöpfung und dem universellen Gefüge, das uns umgibt.

In der Liebe zum Unbekannten finden wir schließlich den Mut, uns auf das Leben einzulassen und das Unvorhersehbare zu umarmen. Sie ist ein ständiger Begleiter auf unserer Reise durch die Unendlichkeit des Seins und der Erkenntnis, ein Licht in der Dunkelheit, das uns den Weg weist und uns Hoffnung schenkt. Die Liebe zum Unbekannten und der Glaube an das Unsichtbare sind zwei Seiten derselben Medaille. Sie sind untrennbar miteinander verbunden und bilden das Fundament für ein erfülltes Leben voller Entdeckungen, Abenteuer und tiefer Einsichten. Es ist unsere Aufgabe, diese Liebe und diesen Glauben zu pflegen und uns immer wieder darauf einzulassen, um das Potenzial unserer menschlichen Existenz vollends auszuschöpfen.

Bist du ein Mensch, der das Unbekannte sucht? Wie zeigt sich das in deinem Leben?

. . . .
. . . .
. . . .
. . . .
. . . .
. . . .
. . . .
. . . .
. . . .
. . . .

DAS UNBEKANNTE ALS CHANCE SEHEN

Die Geschichte vom barmherzigen Samariter (vgl. Lukas 10,25-37; er ist uns im Andachtsbuch bereits begegnet) ist nicht nur ein klassisches Beispiel für Feindesliebe, sondern auch dafür, wie das Unbekannte eine Chance für die Liebe sein kann. In dem Gleichnis wird ein jüdischer Mann am Straßenrand verprügelt, ausgeraubt und zum Sterben zurückgelassen. Zwei religiöse Führer gehen vorbei und ignorieren ihn, aber ein Samariter – jemand, der vom jüdischen Volk verachtet und abgelehnt wird – hält an, um ihm zu helfen. Er versorgt die Wunden des Mannes, nimmt ihn mit in eine Herberge und bezahlt für seine Versorgung. Jesus erzählt diese Geschichte als Antwort auf die Frage eines Schriftgelehrten, der fragt: »Wer ist mein Nächster?« Die Antwort lautet natürlich: Jeder und jede, der oder die in Not ist.

Was mich an dieser Geschichte am meisten beeindruckt: Der Samariter sieht den unbekannten Mann am Straßenrand als Gelegenheit, seine Liebe und sein Mitgefühl auszudrücken, anstatt ihn als lästig oder bedrohlich zu empfinden. Er hätte leicht vorbeigehen können wie die anderen beiden Männer, aber stattdessen entscheidet er sich, aus seiner Komfortzone herauszutreten und einem Fremden gegenüber Barmherzigkeit zu zeigen. Damit hilft er nicht nur dem Mann in Not, sondern stellt auch die Vorurteile und Klischees seiner eigenen Gesellschaft infrage.

Es ist leicht, sich von Unbekanntem überwältigt oder eingeschüchtert zu fühlen – sei es bei der Begegnung mit neuen Menschen, in unsicheren Situationen oder bei Veränderungen in unserem Leben. Wenn wir uns dafür entscheiden, diese Erfahrungen als Chancen für die Liebe zu sehen, können wir in unserem Glauben wachsen und etwas in der Welt bewirken.

Natürlich ist es nicht immer leicht, sich auf das Unbekannte einzulassen. Es birgt Risiken und kann manchmal unangenehm oder sogar beängstigend sein. Aber als Nachfolgerinnen und Nachfolger Christi sind wir dazu aufgerufen, auf Gottes Führung und Versorgung zu vertrauen, selbst inmitten der Ungewissheit. In Hebräer 11,1 heißt es: »Was ist nun also der Glaube? Er ist das Vertrauen darauf, dass das, was wir hoffen, sich erfüllen wird, und die Überzeugung, dass das, was man nicht sieht, existiert.« Wenn wir darauf vertrauen, dass Gott mit uns ist und für uns sorgt, können wir dem Unbekannten mit Mut und Mitgefühl begegnen.

In unserer modernen Welt, in der viele Menschen isoliert und voneinander getrennt sind, ist es wichtiger denn je zu lernen, das Unbekannte als Chance für die Liebe zu begreifen. Ob am Arbeitsplatz, in der Nachbarschaft oder im Internet – wir haben unzählige Gelegenheiten, den

Menschen um uns herum Liebe und Mitgefühl zu zeigen, besonders denen, die anders sind als wir.

Fällt dir spontan jemand ein, der oder die für dich »das Unbekannte« repräsentiert? Wie kannst du dich der Person nähern?

LIEBE LOHNT SICH

Doch warum sollen wir uns auf das Unbekannte einlassen? Selbst das, was wir schon kennen, können wir schließlich kaum überblicken. Wenn wir diesen Emotionen und Gedanken Raum geben, werden sie uns immer wieder daran hindern, Fortschritte in unserem Leben zu machen. Diese Emotionen können Furcht, Angst und Misstrauen sein und zu großen Hindernissen werden, die uns davon abhalten, das Unbekannte anzunehmen. Wenn wir uns jedoch dazu entschließen, sie zu überwinden und uns für das Unbekannte zu öffnen, können wir in unseren Beziehungen zu Gott und anderen Menschen mehr Freude, Erfüllung und Intimität erfahren.

NOVEMBER

Angst ist vielleicht das häufigste emotionale Hindernis, das uns davon abhält, das Unbekannte zu lieben. Vielleicht haben wir Angst vor Ablehnung, Versagen oder vor dem Unbekannten selbst. Diese Ängste können uns in unserer Komfortzone gefangen halten, wo wir uns sicher fühlen, aber auch stagnieren. Wenn wir uns jedoch auf das Unbekannte einlassen, können wir diese Ängste überwinden und ein größeres Gefühl der Freiheit und Stärke erleben.

Vor welchem Unbekannten hast du Angst? Hast du eine Idee, wie du dieses Hindernis überwinden kannst?

Wenn wir etwas Neues ausprobieren – sei es ein neues Hobby, eine neue Beziehung oder eine neue Gemeinde –, verspüren wir vielleicht ein Gefühl der Angst oder Unsicherheit. Wenn wir diese anfänglichen Ängste jedoch überwinden und uns auf das Unbekannte einlassen, entdecken wir vielleicht neue Talente oder Leidenschaften, lernen neue Menschen kennen und lernen uns selbst und die Welt um uns herum besser kennen. Diese Erfahrungen können unglaublich erfüllend und bereichernd sein und uns dabei helfen, uns lebendiger und mit Gottes Plan für unser Leben verbunden zu fühlen.

Allerdings reichen emotionale Argumente allein vielleicht nicht aus, um manche Menschen davon zu überzeugen, sich auf das Unbekannte einzulassen. Für diejenigen, die eher logisch denken, gibt es auch überzeugende Gründe, warum die Liebe zum Unbekannten ein notwendiger Aspekt des Glaubens ist. Einer dieser Gründe ist, dass die Liebe zum Unbekannten von uns verlangt, dass wir auf Gottes Souveränität und Weisheit vertrauen, anstatt uns nur auf unser eigenes Verständnis und unsere Komfortzone zu verlassen. Sprüche 3,5-6 erinnert uns daran: »Vertraue von ganzem Herzen auf den Herrn und verlass dich nicht auf deinen Verstand. Denke an ihn, was immer du tust, dann wird er dir den richtigen Weg zeigen.« Wenn wir auf Gottes Führung und Versorgung vertrauen, können wir uns dem Unbekannten mit mehr Zuversicht und Mut nähern.

Welche Ängste oder Vorurteile halten dich davon ab, das Unbekannte anzunehmen und Liebe gegenüber denen zu üben, die anders sind als du?

Wie kannst du bewusst nach Gesprächen oder Erfahrungen suchen, die deine Annahmen infrage stellen und dein Verständnis der Welt um dich herum erweitern?

Auf welche Weise kannst du die Liebe und das Mitgefühl Christi bezeugen, indem du das Unbekannte liebst und Brücken des Verständnisses und des Respekts zu denen baust, die anders sind als du?

Die Herausforderung, vor der wir stehen, ist klar: die Unbekannten zu lieben und die Verlorenen für Christus zu erreichen. Diese Aufgabe erfordert Mut, Demut und ein unerschütterliches Vertrauen auf den Heiligen Geist. Doch wenn wir diesem Ruf folgen, können wir zuversichtlich sein, dass unsere Bemühungen Früchte tragen werden. Der Weg dahin könnte so aussehen:

NOVEMBER

Aus der Komfortzone heraustreten.

Lasst uns gemeinsam mutig unsere Komfortzone verlassen, um Jesus zu folgen. Dabei bauen wir Brücken, zeigen seine Liebe und teilen die wunderbare Botschaft des Evangeliums.

Was ist deine Komfortzone?

Echte Beziehungen kultivieren.

Lass uns offen für neue Begegnungen sein, indem wir geduldig zuhören und voneinander lernen. So können wir die Liebe Christi teilen und die Hoffnung des Evangeliums ansprechend vermitteln.

Wie kannst du »echte« von »unechten« Beziehungen unterscheiden?

NOVEMBER

Das Evangelium weitergeben.

Paulus ermutigt uns, Gottes Wort stets zu verkünden – ob in guten oder schlechten Zeiten. Lassen wir uns auf neue Begegnungen ein und teilen mit Liebe und Geduld die erlösende Hoffnung durch Jesus Christus, vertrauend darauf, dass der Heilige Geist in den Herzen der Menschen wirkt.

Womit verbindest du Evangelisation? In der Einkaufsstraße Passanten nerven? Oder gibt es noch andere, zeitgemäße Wege, um Menschen von Jesus zu erzählen?

167

Für die Verlorenen und Unbekannten beten.

Lasst uns die Kraft des Gebets nutzen, um diejenigen zu lieben, die Jesus noch nicht kennen, und sie für Christus zu gewinnen. Indem wir beten, bitten wir Gott, ihre Herzen für seine Liebe zu öffnen. Ein Leben voller Gebet hilft uns, anderen zu dienen und starke Zeugen für Christus zu sein.

Wie viel Zeit nimmst du dir für das Gebet für andere?

Aus diesen Puzzlestücken kannst du dir im November einen Plan zurechtlegen, der dich anspornt, vor dem Unbekannten nicht zurückzuschrecken, sondern es als eine Gelegenheit sehen, mit der Agape-Liebe Gottes in dieser Welt zu wirken.

 ## TIEFER TAUCHEN IM NOVEMBER

Ereignis in der Bibel	Was passiert? Was lernen wir daraus?
Abraham und die drei Fremden (1. Mose 18,1-15)	Abraham begegnet drei geheimnisvollen Besuchern, die er mit offenen Armen empfängt und ihnen Nahrung und Unterkunft bietet. Sie entpuppen sich als göttliche Boten, die Abraham und Sara die Verheißung eines lang erwarteten Sohnes bringen. → *Durch die Offenheit Abrahams, das Unbekannte aufzunehmen, erfährt er die Verheißung Gottes.*
Petrus und Kornelius (Apostelgeschichte 10,1-48)	Petrus, ein jüdischer Apostel, wird vom Heiligen Geist dazu geführt, Kornelius, einen heidnischen Hauptmann, zu besuchen. Durch diese göttliche Begegnung erfährt Petrus, dass Gottes Liebe und Erlösung allen Menschen gilt, unabhängig von ihrer Nationalität oder Herkunft. → *Petrus' Horizont wird durch seine Offenheit merklich erweitert.*

Das Gleichnis vom großen Gastmahl (Lukas 14,15-24)	Jesus erzählt dieses Gleichnis, um die allumfassende Natur des Reiches Gottes zu veranschaulichen. Ein reicher Mann lädt viele Gäste zu einem Festmahl ein, aber sie alle haben Ausreden, um nicht zu kommen. Daraufhin lädt der Gastgeber die Armen, die Beeinträchtigten, die Blinden und die Lahmen ein und nimmt diejenigen auf, die bisher unbekannt und ausgegrenzt waren. → *Manchmal sind es die unerwarteten Menschen, die das Leben bereichern.*
Die Heilung von Naaman (2. Könige 5,1-14)	Naaman, ein mächtiger syrischer Heerführer, ist von Aussatz befallen. Er folgt dem Rat einer jungen israelitischen Dienerin, sich vom Propheten Elisa heilen zu lassen. Trotz anfänglicher Skepsis folgt Naaman den Anweisungen Elisas und wird auf wundersame Weise geheilt, was die Macht des Vertrauens und der Liebe zum Unbekannten zeigt. → *Wäre Naaman nicht offen gewesen, den sonderbaren Anweisungen zu folgen, hätte er keine Heilung erlebt.*

Die Ankündigung
der Geburt
(Lukas 1,39-56)

Nachdem sie erfahren hat, dass sie Jesus gebären wird, besucht Maria ihre Cousine Elisabeth, die ebenfalls auf wundersame Weise mit Johannes dem Täufer schwanger ist. Die beiden Frauen, die aus unterschiedlichen Generationen stammen, freuen sich über ihre gemeinsamen Erfahrungen und schließen ein Band der Liebe und Unterstützung.

→ *Durch die Offenheit der beiden Frauen, sich auf das Unbekannte einzulassen, begeben sie sich auf eine lebensverändernde Reise.*

Welche Erkenntnisse hast du durch diese Bibelstellen gewonnen?

 **RÜCKBLICK**

Was hat sich im November in dir verändert? Was nimmst du aus diesem Monat mit in den nächsten?

Liebe das Ende

»Die größte Liebe beweist der, der sein Leben für die Freunde hingibt.«

Johannes 15,13

Nun sind wir schon beim letzten Monat des Jahres angekommen. Was für eine Reise liegt hinter uns! Passend zu diesem letzten Monat geht es um das Ende unseres Lebens hier auf der Erde.

Der Tod ist eine Realität, der wir uns alle stellen müssen, doch die Bibel sagt uns, dass er kein natürlicher Teil des Lebens ist. Vielmehr ist der Tod eine Folge der Sünde, und die Wurzel aller Sünde lässt sich bis in den Garten Eden zurückverfolgen. In 1. Mose 2,17 warnt Gott Adam und Eva und sagt ihnen, dass sie sterben müssen, wenn sie vom Baum der Erkenntnis von Gut und Böse essen. Als sie sich dann entscheiden, Gott nicht zu gehorchen und trotz des Verbots von dem Baum zu essen, bringen sie Sünde und Tod in die Welt. Die perfekte, sündlose Welt, die Gott geschaffen hat, ist nun von der Sünde befleckt, und der Tod wird für die gesamte kommende Menschheit Realität.

In Römer 6,23 lesen wir: »der Lohn der Sünde ist der Tod.« Sünde ist also nicht nur ein Fehler oder ein Fehltritt, sondern ein schweres Vergehen gegen Gott, das ewige Konsequenzen hat. Jedes Mal, wenn wir sündigen, verdienen wir uns die Strafe des Todes, sowohl körperlich als auch geistlich. Die Auswirkungen der Sünde auf unseren physischen Körper zeigen sich in der Realität des Todes. Wir alle erleben den körperlichen Verfall unseres Körpers, wenn wir älter werden, und schließlich wird unser Körper sterben. Das war nicht Gottes ursprünglicher Plan für uns. Er hat uns geschaffen, um für immer in perfekter Gemeinschaft mit ihm zu leben, aber die Sünde hat alles verändert.

Die Sünde wirkt sich auch auf unser emotionales und geistiges Wohlbefinden aus. Sie kann dazu führen, dass wir Scham, Schuldgefühle, Angst und eine Vielzahl anderer negativer Emotionen empfinden. Sünde kann unsere Beziehungen zu anderen und zu Gott beschädigen. Sie kann dazu führen, dass wir uns isoliert und allein fühlen, und sie kann zu Sucht, Depression und anderen psychischen Problemen führen.

Was denkst du über Sünde in deinem Leben? Beschäftigst du dich mit ihr, denkst du über sie nach?

DEZEMBER

Die gute Nachricht ist, dass wir durch das Opfer von Jesus Christus am Kreuz mit Gott versöhnt werden und ewiges Leben haben können. In Römer 5,17-18 schreibt Paulus: »Durch die Sünde des einen Menschen gerieten wir unter die Herrschaft des Todes, doch durch den anderen Menschen, Jesus Christus, werden alle, die Gottes Gnade und das Geschenk der Gerechtigkeit annehmen, über Sünde und Tod siegen und leben! Ja, die Sünde Adams brachte Verdammnis über alle Menschen, aber die Tat von Christus, sein erlösendes Handeln, macht alle Menschen in Gottes Augen gerecht und schenkt ihnen Leben.«

Als Christinnen und Christen können wir im Angesicht des Todes Hoffnung haben, weil wir wissen, dass der Tod nicht das Ende ist. Jesus hat versprochen, dass diejenigen, die an ihn glauben, ewiges Leben haben werden (vgl. Johannes 3,16). Außerdem hat er versprochen, einen Platz im Himmel für uns vorzubereiten (vgl. Johannes 14,2-3).

In unserer Zeit wird der Tod oft als Tabuthema betrachtet. Viele Menschen vermeiden es, über ihn zu sprechen oder an ihn zu denken, bis er in ihrem Leben Realität wird. Das kann zu Angst, Unruhe und mangelnder Vorbereitung auf das Lebensende führen. Als Christinnen und Christen sollten wir den Tod aus einer anderen Perspektive betrachten. Wir sollten keine Angst haben, über den Tod zu sprechen oder über unsere eigene Sterblichkeit nachzudenken. Stattdessen können wir die Realität des Todes annehmen und ihn als Gelegenheit nutzen, über unser Leben und unsere Beziehung zu Gott nachzudenken.

Du hast bestimmt schon oft den Satz gehört »Der Tod gehört eben zum Leben dazu«. Jetzt hast du gerade etwas anderes gelesen. Wie fühlt sich das für dich an?

Was war deine frühste Begegnung mit dem Tod und wie hat sie dich geprägt?

DIE MACHT DER LIEBE IM ANGESICHT DES TODES

Der Tod ist eine Realität, mit der wir uns alle auseinandersetzen müssen, aber die Kraft der Liebe kann uns helfen, das Ende des Lebens zu bewältigen und im Angesicht des Todes Trost und Hoffnung zu finden. Wie wir in diesem ganzen Andachtsbuch gesehen haben, ist die Liebe ein zentrales Thema im christlichen Glauben und spielt eine entscheidende Rolle bei Jesu Opfer am Kreuz. In Johannes 15,13 sagt Jesus: »Die größte Liebe beweist der, der sein Leben für die Freunde hingibt.« Der ultimative Akt der Liebe Jesu besteht darin, dass er sein Leben für uns gibt, damit wir das ewige Leben haben. Sein Opfer am Kreuz zeigt die Tiefe und Kraft von Gottes Liebe zu uns.

Als Christinnen und Christen sind wir aufgerufen, die Liebe anzunehmen und uns Gottes Willen zu unterwerfen, selbst im Angesicht des Todes. Das ist eine Herausforderung, die von uns verlangt, unseren Glauben in die Tat umzusetzen, auf Gottes Plan und Ziel für unser Leben zu vertrauen und Gott und andere über alles zu lieben.

Denkst du manchmal über deinen eigenen Tod nach? Wie fühlt sich das an?

Wir kommen also am Ende wieder an den Anfang unseres Buches zurück. In Matthäus 22,37-39 sagt Jesus: »Du sollst den Herrn, deinen Gott, lieben, von ganzem Herzen, mit ganzer Seele und mit all deinen Gedanken! Das ist das erste und wichtigste Gebot. Ein weiteres ist genauso wichtig: Liebe deinen Nächsten wie dich selbst.« Dieses Gebot fordert uns heraus, Gott und andere über alles zu lieben, selbst im Angesicht des Todes. Es verlangt von uns, unsere eigenen Ängste und Sorgen beiseitezuschieben und die Kraft der Liebe im Angesicht des Endes des Lebens anzunehmen.

Auch das Vertrauen in Gottes Plan und Absicht ist wichtig, um die Liebe anzunehmen und sich seinem Willen zu unterwerfen. In Sprüche 3,5-6 heißt es: »Vertraue von ganzem Herzen auf den Herrn und verlass dich nicht auf deinen Verstand. Denke an ihn, was immer du tust, dann wird er dir den richtigen Weg zeigen.« Dieser Abschnitt erinnert uns daran, dass wir Gottes Plan für unser Leben nicht immer verstehen, aber wir können auf seine Liebe und Weisheit vertrauen, die uns auch durch die schwierigsten Zeiten führen.

DEZEMBER

Schließlich werden wir eingeladen, die Liebe Jesu und das Versprechen des ewigen Lebens anzunehmen. In Johannes 3,16 lesen wir: »Denn Gott hat die Welt so sehr geliebt, dass er seinen einzigen Sohn hingab, damit jeder, der an ihn glaubt, nicht verloren geht, sondern das ewige Leben hat.« Dieser Abschnitt erinnert uns daran, dass Gottes Liebe zu uns so groß ist, dass er bereit war, seinen eigenen Sohn für unsere Rettung zu opfern. Diese Liebe ist die Grundlage unseres Glaubens und gibt uns den Mut und die Kraft, selbst die schwierigsten Umstände zu meistern.

Es verlangt viel von uns, Gott und andere über alles zu lieben, auf seinen Plan und sein Ziel zu vertrauen und die Liebe Christi und das Versprechen des ewigen Lebens anzunehmen. Wenn wir aber dem Ende und dem Tod ins Auge sehen, können wir Trost und Hoffnung in der Kraft der Liebe und in unserer Beziehung zu Gott finden. Indem wir die Liebe annehmen und uns seinem Willen unterwerfen, können wir Frieden und Freude finden, selbst inmitten des Unbekannten.

 **CHALLENGE DES MONATS**

Gibst du der eigenen Autonomie und Kontrolle Vorrang vor der Hingabe an Gottes Willen in deinem Leben, auch im Angesicht des Todes?

Wie kannst du ein tieferes Verständnis von Gottes Liebe und seinem Plan für dein Leben entwickeln und wie kann dir das im Angesicht des Unbekannten Trost und Hoffnung geben?

Wie kannst du andere aufopferungsvoll und selbstlos lieben, selbst im Angesicht von Schwierigkeiten und Ungewissheit, als Spiegelbild der Liebe, die Jesus uns vorgelebt hat?

Für den Dezember fordere ich dich heraus, bewusst ein Leben der Liebe und der Hingabe an Gottes Willen zu pflegen. Das kann bedeuten, dass du mehr Zeit mit Gebet und Bibelstudium verbringst, bewusst nach Möglichkeiten suchst, anderen zu dienen, und dich aktiv gegen den kulturellen Druck wehrst, der die eigene Autonomie und Kontrolle über die Hingabe an Gottes Willen stellt. Wenn du dich mit dem Ende und dem Tod auseinandersetzt, ermutige ich dich, die Realität des Todes anzunehmen und in der Hoffnung auf das ewige Leben zu leben, im Vertrauen darauf, dass Gottes Liebe und Gnade dich auch durch die schwierigsten Zeiten führen werden.

Ereignis in der Bibel	Was passiert? Was lernen wir daraus?
Die Weisheit Salomos (Prediger 1–12)	Der für seine Weisheit bekannte König Salomo reflektiert über die Vergänglichkeit des Lebens, die Unausweichlichkeit des Todes und die Wichtigkeit, weise zu leben und die Gegenwart anzunehmen. → *Weisheit ist entscheidend im Leben und im Sterben.*
Der Tod des Lazarus (Johannes 11,1-44)	Als Jesu Freund Lazarus stirbt, tröstet Jesus dessen trauernden Schwestern Maria und Martha und lässt Lazarus von den Toten auferstehen. → *Diese Geschichte zeigt die Macht Jesu über den Tod und erinnert an die Auferstehung und das ewige Leben, das uns Gläubigen versprochen wurde.*
Das letzte Abendmahl (Matthäus 26,17-30; Markus 14,12-26; Lukas 22,7-23; Johannes 13,1-30)	Beim letzten gemeinsamen Mahl mit seinen Jüngern vor seiner Kreuzigung setzt Jesus das Abendmahl ein, wäscht ihnen die Füße und lehrt sie Demut, Liebe und die Erinnerung an sein Opfer. → *Selbst so kurz vor seinem Tod gibt Jesus Liebe weiter.*

Die Abschiedsreden Jesu
(Johannes 14–16)

In diesen Kapiteln bereitet Jesus seine Jüngerinnen und Jünger auf seinen bevorstehenden Abschied vor und verspricht ihnen Trost und Hoffnung, indem er ihnen den Heiligen Geist als Helfer und Führer verspricht. Außerdem lehrt er sie, in seiner Liebe zu bleiben, ihm treu zu sein und Frieden in ihm zu finden.

→ *Alles Wichtige zum Warten, Aushalten und Heimkommen teilt Jesus mit seinen Jüngern und uns.*

Welche Erkenntnisse hast du durch diese Bibelstellen gewonnen?

RÜCKBLICK

Was hat sich im Dezember in dir verändert? Was nimmst du aus diesem Monat mit ins nächste Jahr?

DEZEMBER

Die Liebe Gottes: das größte Geschenk

 »Alles, was ihr tut, soll in Liebe geschehen.«

1. Korinther 16,14

Manchmal finden wir uns in Situationen wieder, in denen wir uns verloren und überfordert fühlen. Das haben wir in den letzten zwölf Monaten gesehen. In solchen Augenblicken können wir uns auf die Liebe Gottes verlassen, die uns mit einer unbeschreiblichen Tiefe und Wärme umfängt. Die Liebe Gottes ist ein Geschenk, das jedem und jeder von uns zugänglich ist. Sie stellt keine Bedingungen, verlangt keine Gegenleistung und wertet nicht. Sie ist einfach da, immer präsent und bereit, uns aufzufangen, wenn wir stolpern oder fallen.

Wenn wir uns in diese Liebe fallen lassen, spüren wir eine unvergleichliche Geborgenheit. Sie ist wie eine kuschelige Decke, die uns an kalten Tagen wärmt, oder ein Leuchtturm, der uns in stürmischen Zeiten den Weg weist. Sie gibt uns Kraft, Mut und Zuversicht, unseren Weg weiterzugehen. Die Liebe Gottes ist eine sanfte, einfühlsame und heilende Kraft, die unsere Wunden schließt, unsere Ängste lindert und uns Trost spendet. Sie ist wie Balsam für die Seele, der uns hilft, die Schönheit des Lebens wiederzuentdecken, und uns daran erinnert, dass wir geliebt und wertgeschätzt sind, unabhängig von unseren Fehlern und Schwächen.

In einer Welt, die oft von Unruhe und Egoismus geprägt ist, ist die Liebe Gottes ein Ruhepol, der uns erlaubt, tief durchzuatmen und uns darauf zu besinnen, was wirklich wichtig ist. Sie ist ein Kompass, der uns leitet und uns hilft, unseren inneren Frieden und unsere wahre Bestimmung zu finden.

Um dieses wertvolle Geschenk der Liebe Gottes zu erfahren, ist es nur nötig, dass wir uns öffnen und bereit sind, sie in unser Herz einzulassen. Wir müssen Vertrauen haben und uns erlauben, uns dieser göttlichen Liebe hinzugeben, die uns auf wundersame Weise transformieren kann.

Lassen wir uns also fallen in die Arme der Liebe Gottes, die uns stets umfängt und in die wir uns jederzeit zurückziehen können. Entdecken wir ihre Kraft, ihre Zartheit und ihre schier unendliche Großzügigkeit, und lassen wir sie uns auf unserem Lebensweg begleiten, damit wir uns immer wieder daran erinnern, dass wir nie allein sind und dass wir immer geliebt werden.

ANMERKUNGEN

1   The Helper's High: Dieses Konzept, das erstmals von Allan Luks vorgestellt wurde, besagt, dass Freiwilligenarbeit und die Hilfe für andere zu einer Ausschüttung von Endorphinen führen kann, die ein Gefühl von Glück und Wohlbefinden vermitteln. Luks, A. (1991). The healing power of doing good: The health and spiritual benefits of helping others. Fawcett Columbine.

2   Diessner, R., Solom, R. C., Frost, N. K., Parsons, L., & Davidson, J. (2008). Engagement with beauty: Appreciating natural, artistic, and moral beauty. The Journal of Psychology, 142(3), 303-329. In dieser Studie wird die Wertschätzung von Schönheit in verschiedenen Bereichen untersucht, darunter natürliche, künstlerische und moralische Schönheit. Die Forscher und Forscherinnen untersuchen, wie die Beschäftigung mit Schönheit das Wohlbefinden, die persönliche Entwicklung und die allgemeine Lebenszufriedenheit positiv beeinflussen kann.

Gunnar Engel

VISION

Alles ändert sich, weil Gott dich sieht. Dein Plan für das Jahr.
1.Mose 16,13

Wirf einen Blick in dein Innerstes! Dieses Buch begleitet dich Schritt für Schritt zu deiner persönlichen Vision für das neue Jahr! Bleibe mit Gott das ganze Jahr über im Gespräch, teile deine Ziele und Träume mit ihm - und sein liebevoller Blick wird dich von innen heraus verändern!

Gebunden, 14,8 × 21 cm, 144 S.,
2-farbige Innengestaltung mit Leseband
Nr. 227.000.029,
ISBN: 978-3-417-00029-0

Tamara Hinz

ALLES, WAS IHR TUT, GESCHEHE IN LIEBE

Das Buch zur Jahreslosung 2024

Wie kann ich all das, was ich tue, aus Liebe tun? In diesem Buch geht Tamara Hinz diesem Geheimnis auf die Spur, auf das die Jahreslosung hinweist. Sie teilt ihre Entdeckungen mit uns, die aufzeigen, dass Liebe manchmal überraschend anders sein kann als gedacht.

Gebunden, 10,5 × 16,5 cm, 144 S.
Nr. 227.000.067
ISBN: 978-3-417-00067-2

SCM

R.Brockhaus

DRAN

8 Mal im Jahr schlichtes Design und klare Worte. Himmelwärts denken. Vernetzt sein. Authentisch glauben. Denn wir wollen als junge Erwachsene echt und mutig in die Zukunft gehen – nach der Schule, im Studium, FSJ, der Ausbildung oder wo auch immer der Weg gerade lang führt.

Ein Abonnement (8 Ausgaben im Jahr) erhalten Sie in Ihrer Buchhandlung oder unter:

www.bundes-verlag.net/dran

Telefon:
(D) 02302 93093 910
(CH) 043 288 80 10

www.dran.de I www.dran.ch

SCM
Bundes-Verlag